Média OKET

Fiction romanesque et autobiographie dans la poétique Célinienne

Média OKET

Fiction romanesque et autobiographie dans la poétique Célinienne

Éditions Muse

Imprint

Cover image: www.ingimage.com

Publisher:
Éditions Muse
is a trademark of
Dodo Books Indian Ocean Ltd. and OmniScriptum S.R.L publishing group

120 High Road, East Finchley, London, N2 9ED, United Kingdom
Str. Armeneasca 28/1, office 1, Chisinau MD-2012, Republic of Moldova, Europe
Printed at: see last page
ISBN: 978-620-4-96039-5

DEDICACE

A la mémoire de mon père, **MOKE Victor dit, Legrand Blokis** qui avait bien voulu m'accompagner dans l'élaboration de ce présent travail mais m'a quittee dans la précarité.

REMERCIEMENTS

Notre gratitude à Monsieur **Jean-Marie ATA** pour sa disponibilité pendant la conception de cette réflexion.

Nous adressons nos remerciements.

A

- tous les enseignants du Département de Langues et Littératures de l'École Normale Supérieure (E.N.S.) pour leurs enseignements à différents niveaux.

- tous les enseignants du Département de Langue et Littérature françaises (L.L.F) de la Faculté des Lettres et Sciences humaines (F.L.S.H.) en général, pour leur formation durant trois ans, et à Monsieur Pierre **OSSÉTÉ-ONGAGNA** en particulier, pour avoir guidé mes premiers pas vers la littérature française.

- Guy-Noël MBOUSSI, pour ses encouragements.

- Max ILOKI, André NGOMOT, Camille KOBO-ITOUA, Fulgence LIKASSI, Jean-Paul BAKÉKOLO, pour leur assistance durant l'élaboration de cette étude.

A ma mère SOUA Agnès, qu'elle trouve ici l'expression de ma reconnaissance filiale.

A mes frères et sœurs,

Alida Inès OKET,

Patchel Davy OKET SOUA,

Laura OKET OPAKE,

Gloria OKET ONDAKO,

Saïda Grace OKET SOWOUA.

Qu'ils trouvent ici l'expression de mon amour fraternel.

A mes enfants,

Louis Armel OKOMBO ITOKO,

Dona Wivine ATONGUI.

Que ce document leur serve de modèle.

A mes amies,

Elda Melaine NSAMOUNGANA,

Lucette NGASSAKI,

Claudette NGAMA,

NDINGA ATSONO Bechyliam.

En souvenir de notre amitié.

Enfin, mes remerciements sincères à Madame Christine ONIANGUÉ ABONI pour sa disponibilité dans la saisie et la mise en forme de ce document.

INTRODUCTION

L'œuvre de Céline, à l'instar de celles de ses contemporains a produit un impact sur la littérature du XXème siècle, à cause de sa spécificité poétique et thématique. En effet, les titres de la production littéraire célinienne se caractérisent par leur forme allégorique, dominante au niveau sémantique, des personnages et des lieux. L'étude de la fiction romanesque et l'autobiographie s'inscrit dans ce contexte, où la vie et le monde subissent une désintégration physique et spirituelle.

Pour la critique, Céline se révèle avant tout comme l'auteur de Voyage au Bout de la Nuit[1], roman qui a fait figure de réquisitoire et de révolte ; roman publié dans les années 30, moment d'une grande fermentation intellectuelle et dont le ton argotique de BARDAMU, héros central le plonge dans une optique populiste.

Le choix de ce thème se justifie par la vision que l'écrivain donne de cette société, marquée par une période de grand cataclysme mondial. La narration célinienne est faite au travers des artifices et de mécanismes particuliers. La poétique de l'écrivain qui prend source dans le vécu, génère un va-et-vient entre le romanesque et l'autobiographie. Le texte apparaît comme une interrogation qui en découle, en tant que représentation objective du monde. Il est en même temps une réflexion historique, émaillée de repères chronologiques.

Notre problématique consistera à examiner si l'allégorie contée par Céline, auteur de la narration appartient au genre romanesque ou à l'autobiographie. Cette, civilisation peinte par la plume de l'écrivain, est-elle sur le point de mourir, doit-elle tuer, ou rester dans le marécage ?

Au niveau du corpus, nous utiliserons Le Voyage au Bout de la Nuit(1932), roman où l'obscurité se révèle avec évidence et l'état de conflit occupe toute la texture. A cela s'adjoindront deux autres supports en l'occurrence Le Pont de Londres (1955)[2]puis Rigodon (1964)[3]. Toutefois, il nous sera possible au cours de notre analyse, de faire référence à l'un ou l'autre texte célinien.

Sur le plan méthodologique, nous procéderons à la mise en parallèle des ouvrages pour en extraire le contenu et nous assurer s'ils intègrent la fiction romanesque ou s'inscrivent dans le pacte autobiographique. Cette analyse se fera sur la base de la

---

[1] Céline : Voyage au Bout de la Nuit, Paris, Gallimard, 1932.
[2] Le Pont de Londres, Paris, Gallimard, 1955.
[3] Rigodon, Paris, Gallimard ; 1964.

typologie des concepts énoncés par Philippe Lejeune[4], sur la notion d'autobiographie et pourra être complétée par les réflexions émises par Céline dans l'optique de sa conception personnelle du style.

Notre argumentation se déploiera sur trois parties essentielles.

La première examinera la fiction romanesque au niveau de la trame des récits, en définissant les concepts et les instances romanesques. La deuxième partie sera axée sur l'étude de l'espace autobiographique et tentera d'en préciser les contours et la problématique du genre.

La troisième étudiera la spécificité de la poétique célinienne au niveau langagier et discursif pour en saisir la vision allégorique.

Au terme de cette argumentation, il nous sera possible de vérifier nos hypothèses qui placent le roman et l'autobiographique célinienne dans une vision du monde par le bas ; une autre manière de révéler le réalisme de l'écrivain. Aussi, cette étude s'ouvre-t-elle par le traitement de la première partie relative à la fiction romanesque.

---

[4] Lejeune (Philippe) : La question autobiographique, In Etudes littéraire Université Laval, 1984.

PREMIERE PARTIE

FICTION ROMANESQUE

Récit en prose, le roman naît de la volonté de l'écrivain de nous faire partager ses émotions et ses désirs. Dans cette optique, Céline s'inspire des événements de sa vie, pour rendre vivants ses personnages qui ne sont autres que les êtres fictifs :

> « Les événements de sa vie, Céline les a transposés et leur a conféré dans la fiction une ampleur etune intensité exceptionnelles ».[5]

C'est dire que l'auteur crée un monde imaginaire dans lequel peuvent vivre les personnages. Il leur attribue de vrais noms et des comportements humains, qui nous font croire qu'ils sont des êtres vivants. Les faits narrés sont également fictifs, mais l'auteur utilise les tournures proches de la réalité. Ce qui rend perplexe le lecteur qui croit qu'il s'agit là de la réalité, alors que le roman tire sa source de l'irréel.

Dès lors, pour bien cerner cette fiction romanesque, il nous sera donc important de recourir à la trame des récits, pour comprendre l'intrigue, la manière dont se sont déroulés les événements narrés dans ce corpus, tout en définissant les concepts. Nous analyserons également les instances romanesques qui se traduisent par les lieux évoqués par l'auteur, les personnages, l'espace et le temps.

---

[5] Raimond (Michel):Le roman depuis la Révolution, Paris, A. Colin, 1981, p. 205.

CHAPITRE I: LA TRAME DES RÉCITS

Céline, le grand novateur de la littérature française du XXème siècle, utilise un langage qui lui est propre, pour faire parler ses personnages. Son œuvre naît dans les années 30, période de grand conflit mondial. Malgré le fait que son langage soit particulier, il recourt encore à la technique du roman picaresque. A juste titre, BERCOT et GUYAUX déclarent :

> « L'œuvre célinienne constitue la manifestation radicale et la plus corrosive de cet absurdisme qui de Proust à Kafka jusqu'aux illustrations plus récentes de la « crise du sujet », traverse tout le XXème siècle et se fonde sur diverses justifications théoriques ».[6]

La plupart de ses romans sont écrits à la première personne du singulier, ce qui lui confère une certaine originalité et le classe dans le courant réaliste. L'auteur a voulu nous faire vivre les différents moments de sa vie, tout en gardant encore le style picaresque. Son roman s'inscrit également dans le monde onirique et nous remarquons que tout au long de l'intrigue, le narrateur n'a cessé de rêver. Ainsi stipule-t-il :

> « A l'instar de Robinson, Ferdinand rêve d'être fait prisonnier »>.[7]

Toute cette démarche, trouve son répondant dans Voyage au Bout de la Nuit, première esquisse romanesque célinienne qui sera complétée par Le Pont de Londres et Rigodon.

I-1-Voyage au Bout de la Nuit

Publié en 1932 chez Denoël, Le Voyage au Bout de la Nuit est de Louis-Ferdinand Auguste Destouches, écrivain français du XXème siècle. L'auteur a pour pseudonyme littéraire Céline, qui n'est autre que le prénom de sa mère. Ce roman a pour diminutif Le Voyage, premier roman célinien. Celui-ci lui donne une certaine audience dans le monde des lettres. Le Voyage obtint le prix Renaudot après son échec au Goncourt, dû à son antisémite.

---

[6] Bercot (Martine) et Guyaux (André): Dictionnaire des Lettres Françaises, Paris, Fayard, 1998, p. 226.

[7] Raimond (Michel): Le Roman depuis la Révolution, op. cit., p. 205.

Le roman relate les événements de 1914-1918, à travers le personnage de Bardamu. Il s'agit d'un conflit qui opposa la droite à la gauche. Il crée deux mondes antithétiques. Nous découvrirons d'un côté les riches et de l'autre, les pauvres. Les faits sont relatés à la première personne du singulier. Le narrateur vade ville en ville pour éviter la corruption. Cependant, ses multiples errances lui permettent de se créer des amitiés. Il traverse l'Amérique, l'Afrique, l'Europe etc. Ce qui fait du Voyage un roman à caractère picaresque.

> Les personnages sont souvent massacrés et tués comme des animaux :
> « Le maréchal des Logis Barousse vient d'être tué,
> Qu'il dit tout d'un trait ».[8]

Ils sont obsédés par l'idée de la mort.

Malgré le fait que Le Voyage soit écrit à la première personne du singulier, il ne constitue pas une autobiographie, il est plutôt une fiction romanesque, car L'auteur n'a su que prêter ses propres expériences au personnage principal. A lire sa vie, elle ne ressemble pas parfaitement à celle de l'écrivain. Nous dirons que c'est une fausse autobiographie.

I-2- Le Pont de Londres

Publié en 1964 chez Gallimard, Le Pont de Londres fait suite à Guignols'Band, autre roman de Céline. Ferdinand, le héros du livre, après ses multiples errances, arrive à Londres où il va rencontrer Sosthène qui deviendra son compagnon fidèle. Ils seront reçus chez un colonel où il va tomber amoureux de Virginia, la nièce du colonel. Dans ce roman, les personnages sont animés par l'envie de faire du mal. Ils ne craignent rien, chez eux, tout est amusant et éphémère. Cela est perceptible lorsque l'auteur écrit :

> « Elle en veut des horreurs, des batailles,
> que le sang dégouline partout ».[9]

Comme l'on peut encore constater à travers les propos de Ferdinand :

> « Lui, l'oncle !... pas elle ! pas elle... Lui le monstre.
> Je veux le tuer ... ! ma question est outrageante ?

[8] Céline : Voyage, Paris, Gallimard, 1932, p. 16.
[9] Le Pont de Londres, p. 41.

Tant pis !... Tant pis !... ma question est abominable ?
oh I je veux le tuer ! je le hurle... je vais le tuer !».[10]

Céline présente une contre-société. C'est un monde où l'on rencontre toutes les classes de la vie ; tel que le rapporte Darcos :

> « Nous avons par exemple les prostituées, les maltraiteurs ainsi que des truands. C'est un monde où tout est permis, où chacun exploite, maltraite, prostitue ou assassine autrui ».[11]

Le langage dont se servent les personnages de ce livre, est propre à l'écrivain. Toutefois, les déplacements du narrateur fait du Pont de Londres un roman situé dans l'optique picaresque.

I-3- Rigodon

Récit à la première personne du singulier, Rigodon relate le conflit entre la droite et la gauche, à travers les aventures du narrateur qui va dans tous les coins du monde pour échapper à la nasse allemande. Il traverse la ville de Hanovre, Hambourg, Brandebourg, Copenhague, Allemagne, Danemark, Sigmaringen, Baden-Baden. Le roman est écrit à Meudon entre 1960 et 1961, avant la mort de Céline. Il comporte plusieurs parties, mais celles-ci ne sont pas titrées et n'ont pas de chapitres.

Dans ce roman, le narrateur oppose également deux mondes antithétiques, celui des riches à celui des pauvres, lorsqu'il écrit par exemple :

> « Beaucoup de corps entre deux eaux qui s'effilochent (...) des corps de personnages célèbres (...) et des corps de truands (...) minables... »>.[12]

Les personnages meurent comme à l'abattoir. La mort de Marion qui est un être cher. On retrouve les corps des blessés presque partout. Cela est visible à travers cette phrase:

> « Des morts dans la plaine, des blessés aussi ».[13]

Dans ce roman, le narrateur, ainsi que d'autres personnages, vivent de hasard. Ils se promènent sans direction fixe comme des bohémiens ce qui confère au roman un caractère picaresque. A ce propos, l'auteur écrit :

---

[10] Pont de Londres, p. 105.
[11] Darcos (Xavier): Histoire de la Littérature Française, Paris, hachette, 1992, p-p. 394-395.
[12] Céline: Rigodon, Paris, Gallimard, 1969, p. 191.
[13] Cène : Rigodon, Paris, Gallimard, p. 158.

« Ça va bien faire pour la dixième fois que nous partons pour je ne sais où à travers l'Allemagne... à travers plaine c'est-à-dire genre de steppes ».[14]

C'est ce conflit entre la France et l'Allemagne qui permet au héros célinien d'errer partout. Cependant, Rigodon est également un roman comique, lorsque le narrateur parle en ces termes :

« Pourtant je me trouve drôle... que j'ai envie de rire ! je le dis à Lili... Elle ne croît pas que j'ai envie de rire ».[15]

Le narrateur, malgré toutes les odeurs qui y émanent, ne s'en offusque pas, bien au contraire, il trouve son plaisir dans la douleur, c'est un masochiste :

« Le train pour Copenhague... Ils tombent, ils se ramassent ... pleurnichent et rigolent... ».[16]

Rigodon relate les faits tirés de la société, interprétés à la première personnage du singulier, en réalité il pourrait s'inscrire dans la perspective autobiographique, en même temps qu'il est une chronique.

On note cependant une adéquation de patronymie entre l'auteur et le narrateur :

« Rigodon n'est pas un roman, mais une chronique. Céline s'y qualifie du reste lui-même : moi, chroniqueur des grands guignols ».[17]

C'est ce qui fait que Rigodon pourrait être une fausse autobiographie. A l'issue de la contraction des trois romans, il nous semble nécessaire de définir les concepts qui sous-tendent la fiction romanesque et partant les performances poétiques au niveau des textes en étude.

---

[14] Ibid., p. 194.
[15] Ibid., p-p. 254-255.
[16] Ibid., p. 264.
[17] Cène : Rigodon, Paris, Gallimard, p. 158.

CHAPITRE II : DEFINITION DES CONCEPTS

Définir les concepts, permet de comprendre, d'éclairer le sujet. Cependant, en littérature, un mot est polysémique, du fait qu'il peut avoir plusieurs définitions, l'une inscrite dans une perspective diachronique et l'autre dans un aspect synchronique.

A partir des dictionnaires, nous définirons les concepts fiction romanesque et poétique pour voir dans quelle optique se situe le texte et tour à tour nous essayerons de montrer si notre corpus répond à cette définition.

II-1-Fiction romanesque

Le Dictionnaire Fondamental du Français Littéraire définit la fiction en ces termes :

> « Fiction : nom féminin. - En littérature l'ensemble des productions qui font une part à l'imagination créatrice. Etymologie: se rattache au verbe latin fingere signifie « fabriquer », puis « feindre». L'idée de « mensonge » se maintient dans le sens moderne, le propre de la fiction est de se démasquer du réel et, en ce sens, elle est « mensonge ». La « feinte » du footballeur est aussi un « mensonge ».(")

La fiction est une histoire romancée. Elle désigne en même temps le statut littéraire d'un texte et qui renvoie à la performance de l'écrit. Nous étudierons le terme fiction en adéquation avec les romans céliniens pour tenter de comprendre leur processus d'élaboration.

Comme on peut le constater par ailleurs dans le Vocabulaire des Etudes Littéraires, Henri BÉNAC et Brigitte REAUTË définissent le mot fiction en termes de :

> « Ce qui, dans un récit, est inventé et se donne pour non réel. A partir de là, on pourrait distinguer les récits qui sont de la réalité et ceux qui sont de la fiction. Mais la distinction n'est pas toujours facile: une autobiographie est en principe opposée à toute fiction puisqu'elle est censée relater les faits de la vie de l'auteur et doit être classée dans les récits de la réalité, mais on sait qu'elle peut comporter, consciemment ou non, des éléments fictifs ».[18]

[18] Fore (Philippe) et Conio (Gérard) : Dictionnaire Fondamental du Français Littéraire, Paris, Pierre Bordas et Fils, 1993, p. 90.

Une telle définition pose le problème à la fois de la fiction et celui de l'autobiographie. En effet, le texte célinien soulève la problématique du vécu et sa transposition littéraire.

Dans cette même publication l'adjectif romanesque est défini comme :

> «Qui a trait au roman, donc extraordinaire, imaginaire, trop parfait pour être vrai. Qui conçoit la vie comme un roman, c'est-à-dire ayant un penchant pour la sentimentalité, la rêverie et du goût pour les aventures extraordinaires ».[19]

Dans cette acception, le champ sémantique romanesque touche à la fois la création littéraire et sa relation avec le vécu. C'est dans cette perspective que nous étudierons le roman célinien dans une optique du rêve, celui de Bardamu et des autres protagonistes du roman.

II-2- Poétique

Selon le Dictionnaire Fondamental du Français Littéraire, Philippe Forest et Gérard Conio proposent cette définition :

> « Nom féminin. 1- Traité consacré à la poésie.
> 2- Conception de la poésie ou de la littérature propre à un écrivain.
> 3- Discipline cherchant à établir les règles qui définissent dans son ensemble le discours littéraire et dont chaque œuvre ne constitue qu'une application particulière. Etymologie du grec poïein: « faire », « créer »>.[20]

Depuis l'Antiquité, le terme poétique a été défini par Aristote. Il renvoie à la manière spécifique de l'écrivain d'exprimer son talent littéraire. La poétique consiste à créer de façon performante le récit littéraire. Elle renvoie à l'ensemble des qualités littéraires d'un récit que nous examinerons dans la perspective célinienne au travers des trois textes.

---

[19] Ibid., p. 206.

[20] FOREST (Philippe) et CONIO (Gérard):Dictionnaire Fondamental du Français Littéraire, op. cit., p. 187

CHAPITRE III : LES INSTANCES ROMANESQUES

Malgré le fait que le roman tire sa source de l'irréel, Céline a néanmoins choisi un cadre idéal, dans lequel peuvent vivre ses personnages. L'histoire n'est relatée que suite aux différents pays traversés par le narrateur. Ainsi, il a visité l'Afrique, l'Amérique et l'Europe qu'il décrit avec humour dans son premier roman, Voyage au Bout de la Nuit. Tout en suivant la chronologie des événements, l'auteur n'invoque que les villes dans lesquelles les personnages ont vécu. Les lieux évoqués sont réellement existé, ce qui rapproche le texte célinien de la réalité. En outre, nous remarquerons que les personnages cités sont toujours les mêmes dans ces trois textes, mais ils diffèrent par leurs noms.

Ces instances romanesques trouveront leur sens dans les lieux évoqués par l'auteur, les personnages, soutenus par l'espace et le temps.

III-1- Les lieux évoqués

Les lieux comme l'Afrique, l'Amérique et l'Europe, visités par le narrateur du Voyage, ont réellement existé.

L'Afrique rappelle son premier voyage dans un bateau, l'Amiral Bragueton. Ce fut un pénible pèlerinage. Dans ce contexte, Jean Marie ATA renchérit, en écrivant :

> « Tout le voyage se déroule dans une atmosphère irrespirable (...). Le voyage africain débute dans un contexte d'entassement suffocant, de suspicion, prélude à une odyssée qui mènera le héros à sa perte ».[21]

Dans ce continent, il n'y a rien qui sente bon. C'est dire que devant ces odeurs nauséabondes, le narrateur célinien ne s'en offusque pas. Il continue son excursion. Cela peut se lire encore dans Rigodon, l'auteur à ce propos, écrit :

> « Le train pour Copenhague... Ils tombent, ils se ramassent.. pleurnichent et rigolent... ».[22]

---

[21] ATA (Jean-Marie):D'une Vision, l'autre; le Modèle Célinien, in L'Image de l'autre dans la Littérature Française, (Dr Omer MASSOUMOU), F.L.S.H., Département de Langue et Littérature Françaises, Brazzaville, Université Marien Ngouabi, 2004, p-p. 188-189.

[22] Céline:Rigodon, op. cit., p. 264.

Ces multiples errances du narrateur ne sont pas toujours vaines. Il en tire profit. Cette guerre lui permet de découvrir le monde avec ses différents habitants. Outre la traversée de l'Afrique que Bardamu a faite, il a également visité l'Amérique qui lui a permis de renouer avec Lola et de rencontrer Molly.

Les amitiés dans l'exégèse célinienne, ne sont pas souvent solides, les personnages se disloquent le plus vite possible car ils ont toujours soif de connaitre autrui et pensent trouver mieux ailleurs :

> « Déçu de la versatilité de Lola, Bardamu cherche refuge et consolation auprès de Molly, devient son fiancé avec détroit pour domicile ».[23]

Cette quête d'autrui est aussi bien présente dans Rigodon que dans LePont de Londres.

Dans Rigodon, les zigzagues à travers l'Allemagne leur ont permis de faire la connaissance d'une demoiselle française, Odile POMARÉ. Nous découvrons cela à travers cette phrase :

> « Je vous présente ma femme et notre ami...
> Felipe ! moi-même et tous mes respects...
> Louis Destouches... Docteur en médecine.
> Le nom de cette demoiselle... Odile POMARÉ ».[24]

De même, pendant son séjour à Londres, Ferdinand rencontre Virginia dont il en fait éloge :

> « Me voilà, dehors dans la rue sur Willesden.
> Tout surchauffé, transi, ravi... En courant vers l'autobus...
> une sacrée chance d'avoir rencontré un sacré bijou
> comme ma Virginia »>.[25]

Les lieux visités par ces trois narrateurs sont différents, mais l'intrigue reste la même dans ces textes. Les déplacements en toutes directions sont profitables au narrateur. Son séjour à Berlin lui a permis d'obtenir son diplôme :

---

[23] ATA (Jean-Marie), D'une Vision, l'autre ; le Modèle Célinien, in L'Image de l'autre dans la Littérature Française op. cit., p. 193.
[24] Céline: Rigodon, op. cit. p. 186.
[25] Le Pont de Londres, p. 53.

« Il avait pris son brevet à Berlin et dans toutes
les règles, dès 1902 ».[26]

Ces changements de lieux, permettent à Bardamu d'exercer plusieurs, métiers à la fois, avant de devenir médecin. Tout cela, pour subsister pendant cette grande crise. L'acte du vol en est une parfaite illustration :

« Il y a longtemps qu'on y a renoncé... ce sont les gaffes...
Et je crois en avoir commis une tout à fait irrémédiable ...
En volant les conserves ?
- Oui, j'avais cru cela malin, imaginez! pour me faire
soustraire à la bataille de cette façon, honteux, mais vivant
encore, pour revenir en la paix comme on revient, exténué,
à la surface de la mer après un long plongeon... ».[27]

Tout cela montre que le narrateur célinien a participé à la guerre comme soldat. Il est témoin de la guerre, or, en la décrivant, il use d'un ton comique, quand bien même il fut blessé. Après toutes les pérégrinations, il revient en Europe pour se faire traiter, parce que malade et blessé :

« Bardamu blessé, est de retour à Paris pour sa convalescence,
se lie d'amitié avec une américaine du nom de Lola, un soir,
il est en proie à une crise de folie ».[28]

De son retour à Paris, il n'a plus exercé d'autres métiers, il est reconnu comme médecin et prend soin des autres patients.

Nous noterons qu'en dehors du narrateur qui a participé à la guerre, il y a bien d'autres protagonistes qui ont pris part à cet événement, chaque personnage Jouant un rôle spécifique.

[26] Le Pont de Londres, p. 12.
[27] Voyage, p. 67.
[28] ATA (Jean-Marie) : Cours de Littérature Française, Brazzaville, E.N.S., 2004.

III-2-Les personnages

Ils sont nombreux et ne sont, cités que lorsqu'il s'agit d'une situation à laquelle ils ont pris part. Ceux-ci jouent un rôle important, du fait qu'ils s'entraident mutuellement. Nous avons par exemple Lola qui fait de son mieux pour nourrir le reste de la population. Cela est visible à travers cette phrase :

> « Lola, il faut le dire, n'avait jamais confectionné de beignets de sa vie. Elle embaucha donc un certain nombre de cuisinière mercenaires, et les beignets furent après quelques essais, prêts à être livrés ponctuellement juteux, dorés et sucrés à ravir. Lola n'avait plus en somme qu'à les goûter avant qu'on les expédiât dans les divers services hospitaliers ».[29]

Lola aide les guerriers, les malades et les blessés à résister pendant la guerre, en leur offrant des beignets. Elle joue ici le rôle de mère. Outre le rôle de Lola, Marion y a joué celui de conseiller, car il les invitait à la prudence, si bien que sa mort a été un choc pour les autres :

> « Marion est mort, vous le savez....pas eu le temps de lui demander rien... Ce cher Marion ! comme il nous a aidés à tenir à Sigmaringen... qu'il nous a prévenus des traquenards ».[30]

De même, Ferdinand rencontre Sosthène qui devient comme son Conseiller et l'aide à cuisiner. Ceux-ci ont entretenu de bons rapports si bien qu'ils partagent les mêmes idées, se promènent comme des aventuriers.

Lorsqu'ils ont faim, c'est Sosthène qui doit les nourrir :

> Aux premiers bruits dans la maison, Sosthène s'est mis à renifler à droite et à gauche. Il est descendu à l'office
> pour faire bouillir un peu d'eau pour le thé ».[31]

Il joue le rôle de père en s'occupant des autres. Cela est également présent dans Le Voyage, Bardamu rencontre Robinson, qui devient comme son jumeau. Parfois, quand l'un parle, on pense que c'est l'autre qui parle et vice-versa :

---

[29] Céline : Voyage, op. cit., p. 50.
[30] Rigodon, p. 158.
[31] Le Pont de Londres, p.p. 477-478

« J'en avais trop vu moi des choses pas claires pour être content. J'en savais de trop et je n'en savais pas assez. Faut sortir, que je me dis, sortir encore. Peut-être que tu le rencontreras Robinson ».[32]

Robinson qui parle, devient comme le héros et acquiert la dimension d'un conseiller. A ce propos, Brincourt écrit :

« Jusque-là Céline jouait avec ses doubles. Les personnages en lui se superposaient assez mal, par fantaisie : ils se complétaient insolemment leurs contractions : grand écrivain - toubibaillon- clown tragique-monstre hilare-pamphlétaire halluciné-balletomane-nostalgique ».[33]

Les personnages céliniens sont unis, puisqu'ils interfèrent dans ce corpus.

Les personnages sont les mêmes individus dans ce corpus. A juste titre, Céline écrit :

« Nous avons Céline, sa femme Lucette et leur chat Bébert . Tels sont Is principaux acteurs du livre, car les autres ne sont que figurants : Chefs de gares détruites, généraux sans armées, cadavres, multiples nurses et enfants, perdus animaux divers vaste cortège lamentable de vivants et de morts, tous avec Céline, témoins de l'Apocalypse ».[34]

Nous noterons que les romans regorgent d'humains, répartis par classes sociales, mais les principaux personnages forment souvent une sorte de trilogie. Les autres protagonistes ne sont cités que pour rendre les textes éloquents. Après plusieurs excursions, les personnages céliniens viendront se mouvoir dans l'espace et dans le temps où ils espèrent trouver le bonheur.

III-3- L'espace et le temps

Comme tout écrivain, ne peut écrire ex-nihilo, ainsi la littérature repose sur la base des faits soit réels, soit fictifs, Céline a choisi également une période pour écrire ses romans. C'est l'époque de grande crise mondiale. Toute sa production est marquée par les différents moments de sa vie, qu'il décrit par les errances du héros.

L'espace célinien, se lit par les fuites du narrateur. Celui-ci n'aime pas l'immobilité, parce qu'il est traqué de partout et ressent un mal de vivre semblable à un enfer :

---

32 Voyage, p. 199.

33 Brincourt (André):Les écrivains du XXème siècle, Paris, Retz, 1979, p. 170.

34 Céline, Rigodon, op. cit., p. 12.

« Il faut bien être quelque part ».[35]

Pour le narrateur, le bonheur n'est pas sur place, il est ailleurs. Ce qui le pousse à beaucoup voyager. Le narrateur s'exprime en ces termes :

« Nous sommes bourlingués emportés, roulés, tourbillons !... »[36]

Ces fuites plaisent au narrateur qui proclame que tout le plaisir est dans le changement. Cela est ancré dans l'esprit des personnages qui pensent que le voyage leur est bénéfique.

« Chaque individu est le centre vers lequel convergent les innombrables agressions des autres. Bardamu, ou Robinson, ou Parapine, ne trouverait le repos que s'ils étaient seuls au monde ».[37]

Ces personnages se déplacent à juste titre, puisque cela leur permet de communiquer avec autrui. Les personnages céliniens n'ont pas seulement voyagé spatialement, mais aussi temporellement.

Le temps célinien est marqué par le mal de vivre sur place, il faut aller quelque part. Or, il s'avère que la grande excursion se fait dans la nuit, le noir :

« Le passé pèse sur le présent. L'écrivain pense avec Bardamu : « Qu'on ne refait pas sa vie » ou bien quand Bardamu s'exprime : « Ah ! si je l'avais rencontré plus tôt, Molly ! ».[38]

Quand l'auteur évoque la nuit, c'est une façon pour lui d'opposer deux mondes, pourtant la nuit est un moment de repos. Cela veut dire que certains se déplacent le jour et d'autres la nuit :

« Beaucoup de corps entre deux eaux qui s'effilochent... des corps de personnages célèbres ... et des corps de truands... minables ... au mouvement des algues ... tous ... en remous ... ».[39]

---

[35] ATA (Jean-Marie): Cours de littérature française, Brazzaville, E.N.S., 2004.
[36] Le Pont de Londres, p. 190.
[37] ATA (Jean-Marie):Cours de Littérature Française, Brazzaville, E.N.S., 2004
[38] ATA (Jean-Marie): Cours de littérature française, Brazzaville, E.N.S., 2004.
[39] Rigodon, p. 191.

On note une répartition manichéenne de la temporalité célinienne. Ainsi, le jour représente les riches et la nuit, les pauvres. Ceux-ci se déplacent la nuit, pour espérer rencontrer le bonheur qui, selon eux, est toujours ailleurs, quelque part :

> « Le traitement du temps dans Le Voyage s'apparente à celui de la linéarité du roman picaresque. La conscience célinienne est d'abord conscience du déchirement de l'être dans le temps. Un temps où l'identité est toujours menacée donnant cours à la liquéfaction des êtres ou des choses ».[40]

Tout cela montre le caractère versatile du temps ; car certains l'ont bien vécu, d'autres par contre ne l'ont pas vécu, sinon que dans la souffrance.

Cette analyse spatio-temporelle introduit cette deuxième partie, consacrée à l'espace autobiographique et à ses instances, pour connaître les problèmes que pose celle-ci.

---

[40] ATA (Jean-Marie): Cours de littérature française, Brazzaville, E.N.S., 2004.

DEUXIEME PARTIE

L'ESPACE AUTOBIOGRAPHIQUE

En parlant des faits vécus comme la guerre de 1914-1918 dans son premier grand roman Voyage au Bout de la Nuit, l'événement qui a marqué l'histoire mondiale, Céline prête ses propres expériences à son héros, Bardamu qui devient lui aussi témoin des événements. Ainsi, le narrateur ressemble à l'auteur lui-même, en train de relater son vécu. D'où la difficulté de distinguer l'écrivain du narrateur. Pour comprendre ce rapprochement fictionnel, il serait nécessaire de définir le terme autobiographie, en empruntant l'acception de Philippe Lejeune :

> « Apparu dans le vocable de la critique française dans la première moitié du XIXème siècle, le mot autobiographie (littéralement : vie relatée par l'intéressé lui-même) s'emploie pour désigner une catégorie de mémoires qui portent plus sur la vie même de leurs auteurs que sur les événements dont ils peuvent témoigner. Une définition aujourd'hui à peu près constituée l'entend en rigueur comme : « Récit rétrospectif en prose qu'une personne réelle fait de sa propre existence, lorsqu'elle met l'accent sur sa vie individuelle, en particulier sur l'histoire de sa personnalité ».[41]

L'autobiographie est une histoire réelle qu'un individu écrit sur lui-même pour nous faire part de son vécu. Elle constitue en fait un témoignage qu'une personne relate sur elle-même. C'est un portrait que l'individu se dresse sans caricature.

Dans cette même optique, George Sand écrit :

> « Le texte autobiographique, à la différence du texte romanesque, prétend ne pas appartenir à la fiction. Les êtres évoqués sont des êtres « réels » ; le père, la mère de Stendhal ne sont pas des personnages de roman, mais les êtres qui ont réellement vécu (...) Du coup, narrateur et narratrice sont entraînés dans ce vent de vérité (...) D'abord parce que l'œuvre autobiographique a souvent un caractère testamentaire ».[42]

Ainsi, l'autobiographique s'entend comme un témoignage qu'un individu fait de son vécu quotidien et celui-ci est relaté à la première personne.

Cette volonté de l'écrivain de nous exposer le tableau de son existence par l'entremise du narrateur qui devient lui aussi témoin des événements. Cela s'explique dans le cadre de création qui se traduit par la vie de l'auteur et celle du narrateur, les

[41] Lejeune (Philippe), cité par Aron (Paul) Saint Jacques (Denis) et Viala (Alain) in Le Dictionnaire du Littéraire, Paris, P.U.F., 2002, p. 33.
[42] Sand (George), in Études Littéraires : La Question Autobiographique op. cit., p. 240.

deux seront entourés d'autres personnages et les instances de l'autobiographique pour savoir les problèmes que pose celle-ci.

CHAPITRE I: CADRE DE CRÉATION

L'écrivain veut tout recréer. Dans ses romans, Céline transpose les différents moments de sa vie, en inventant des personnages qui deviennent eux aussi, des humains. Son œuvre se fonde sur ses propres expériences. A ce propos, François Girault, écrit :

> « Le processus de création avait toujours pour origine un fait vécu. Après avoir épuisé les souvenirs de l'enfance, les images hallucinantes qu'il avait gardées de la grande guerre, les expériences des années, vadrouille à Londres, en Afrique (...), Céline se trouvait dans l'attente d'un second souffle qui lui fut donné par la vision de la phase finale de la Seconde Guerre mondiale, dont-il a été le témoin solitaire ; les événements sur lesquels il a jeté ce regard sarcastique impitoyable et désespéré qui a fait de lui l'un des grands chroniqueurs de notre temps ».[43]

Le fait de narrer son vécu, ne réduit pas son talent ; il trouve sa joie dans la transposition :

> « Tout créateur choisit sa voie pour imposer une surréalité conquise sur le réel. La transposition chez Céline est obsessionnelle et toujours orientée. Il avilit, il estropie ses modèles les plus chers et souillera l'univers entier. Aussi loin que portera sa voix, il hurlera son délire ».[44]

Ses personnages sont fictifs, mais le fait qu'il s'appuie sur son vécu quotidien, rapproche les textes de la réalité, puisqu'il est avéré que Céline lui-même a pris part à la guerre de 1914-1918 qu'il nous relate par le biais du narrateur.

Par ailleurs, Céline n'est pas le seul écrivain à avoir tracé son portrait dans ses romans, il en est de même pour François Mauriac qui déclare :

> « En tout cas chaque romancier ne peut, sur ce sujet, ne parler que de soi, et les observations auxquelles je vais me risquer me concernent seul (...) A vrai dire, tous les romanciers (...) ont commencé par cette peinture directe de leur belle âme et de ses aventures métaphysiques ou sentimentales. Un enfant de dix-huit-ans ne peut faire un livre qu'avec ce qu'il connaît de la vie, c'est-à-dire ses propres désirs, ses propres illusions ».[45]

---

[43] Girault (François): Céline, Paris, Mercure de France, 1981, p. 10.
[44] Brincourt (André) : Les Ecrivains du XXème siècle, op. cit., p. 170.
[45] Mauriac (François), cité par Raimond (Michel), in Le Roman depuis la Révolution, op. cit., p.p. 318-319.

L'auteur veut d'abord parler de lui-même avant de parler d'autrui. Raison pour laquelle il évoque ses propres expériences que nous pouvons lire à travers les aspects biographiques et la présence des personnages.

I-1-Vie de l'auteur

Pour écrire ses romans, Céline se sert de son vécu pour rendre vivants ses personnages. Toute sa production est fondée également sur ses aspects biographiques qui rapprochent les textes de la réalité. Le narrateur, à qui on a prêté l'histoire, la raconte avec aisance et ceci à la première personne, pour montrer sa présence dans les événements. Il devient lui aussi, témoin des faits.

Le vécu de Céline qui a largement contribué à la création de son imaginaire s'est déployé selon les étapes ci-après :

« Louis- Ferdinand Auguste Destouches naît à Courbevoie le 22 mai 1894. fils de Ferdinand - Auguste Destouches et de Marguerite-Louise Céline, née Guillou. Les Destouches ont des titres universitaires. Le grand-père était professeur agrégé. Le père avait une Licence ès Lettres et travaillait comme employé dans une compagnie d'assurance du Havre. Madame Louise Destouches tenait une boutique de dentelles, située au passage Choiseul, près de l'avenue de l'opéra. La famille logeait en haut du magasin.

En 1906, Louis-Ferdinand passe son certificat d'études primaires élémentaires (C.E.P.E.). Ses parents veulent faire de lui un commerçant formé par la pratique. Ils l'envoient en Allemagne pour apprendre la langue.

En 1907, Louis-Ferdinand séjourne en Angleterre, il parlera un anglais impeccable; puis sera mis en apprentissage dans diverses maisons de commerce, en même temps il prépare seul le baccalauréat. Il se révèle intelligent et studieux et souhaite devenir médecin.

En 1912, Louis-Ferdinand est admis au baccalauréat. En septembre, il s'engage pour trois ans au douzième régiment de Cuirassiers en garnison de Rambouillet.

En 1914 à Poelkapelle, le maréchal de Logis Destouches, volontaire pour une mission sous le feu ennemi, est blessé au bras par un éclat d'obus. Cette blessure lui vaudra une invalidité de 75%.

En 1915, après trois mois de convalescence à Paris, Louis est muté à Londres dans un bureau de passeports.

En 1916, ayant été réformé, Louis Destouches part pour le Cameroun comme agent de la compagnie forestière Sangha-Oubangui.

En 1917, Louis Destouches rentre en France. Il ira se fixer à Rennes et parcourra la Bretagne avec une mission Rockefeller, destinée à prévenir de la tuberculose.

En 1919, Destouches passe sa deuxième partie du baccalauréat à Bordeaux, série philosophie, mention bien. Après quoi, Louis-Ferdinand Destouches épouse la fille du directeur de l'école de médecine de Rennes : Edith –Amandine Marie Follet le 10 Août 1919.

En 1920, il débute ses études de médecine.

En 1922, naissance de leur fille Colette.

En 1924, Louis Destouches soutient sa thèse de doctorat à Paris sous le titre La vie et l'œuvre de Philippe Ignace Semmelweis.

En 1925, à peine installé comme médecin à Rennes, le docteur Destouches quitte son cabinet médical et son foyer, pour entrer au service de la Société des Nations (S.D.N.) qui l'envoie un peu partout dans le monde.

En 1926, jugement et divorce à Rennes avec Edith.

En 1927, il voyage aux U.S.A., particulièrement à Détroit. Il fait la connaissance d'une danseuse américaine, Elisabeth Graig. Il entreprend L'Eglise, pièce de théâtre sans succès.

En 1928, il ouvre un cabinet médical à Clichy, banlieue de Paris. La rédaction du Voyage au Bout de la Nuit doit être commencée.

1931, il renonce à la clientèle privée et prend un poste au dispensaire de Clichy. Il habite Montmartre avec Elisabeth.

1932, mort du père de l'écrivain, publication chez Denoël Steele du Voyage au Bout de la Nuit, sous le nom de Céline, pseudonyme, prénom emprunté à sa mère. Le roman manque le prix Goncourt, suite au revirement spectaculaire des frères Rosny. Le Voyage obtient néanmoins le prix Renaudot.

1933, publication de divers Opuscules et Céline se met à voyager, se déplaçant sans cesse. Il commence la rédaction de Mort à Crédit...

En 1934, juillet-août, sans nouvelle d'Elisabeth, Céline parcourt les U.S.A. à sa recherche. Il la retrouve en Californie, mariée à un homme de loi étroitement mêlé à l'affaire d'héritage. Cet homme de loi est juif.

1935, il voyage à Londres puis à Copenhague où il fait une brève liaison avec la pianiste Lucienne Deforge. La même année, il rencontre Lucette Almansor, danseuse de la troupe de l'opéra-comique.

1936, publication de Mort à Crédit. Céline séjourné en U.R.S.S. pour dépenser les droits d'auteur de la traduction russe du Voyage au Bout de la Nuit.

1937, publication des Pamphlets très hostiles au régime soviétique. Il publie Mea-culpa. Puis, le premier pamphlet Bagatelle pour un Massacre contre les juifs. Le maire de Clichy oblige Céline à démissionner du dispensaire municipal.

1938, publication de : L'Ecole des cadavres. Il semble difficile pour Céline d'habiter Montmartre.

1939, il habite chez sa mère, le quartier de son enfance. L'Ecole des cadavres vient d'être censurée.

1940, le paquebot nommé Schella où sert le docteur Destouches est coulé par les Allemands. Le médecin est nommé au dispensaire de Sartrouville. Fuyant les Allemands il revient à Paris, de nouveau à Montmartre et sera nommé au dispensaire de Bezons.

1941, publication de Les Beaux Draps.

1942, Destouches fait partie d'un groupe de médecins français invités à visiter les hôpitaux de Berlin.

1943, il épouse Lucette Almansor.

1944, publication de Guignol's Band.

Les Destouches quittent la France où ils risqueraient d'être exécutés par les Résistants. L'écrivain désire aller au Danemark où il avait épargné de l'argent. Le couple obtint l'autorisation de se rendre à Copenhague.

En avril 1945, la justice française lance un mandat d'arrêt. Les Allemands quittent le Danemark en décembre, les Destouches sont arrêtés. La femme sera libérée après deux mois de prison.

1947, Céline sort de prison et rejoint sa femme. Il rédige Foudres et Flèches.

1948, les éditions Denoël, poursuivies pour leur publication pendant la guerre sont acquittées.

1949, publication de Foudres et Flèches.

1950, Céline est condamné par contumace à Paris à un an de prison.

1951, Céline bénéficie de la loi d'amnistie de 1947. Il rentre en France avec sa femme, s'installe à Meudon. Le docteur Destouches reprend ses consultations et Lucette ses cours de danse.

Enfin, 1961, Céline meurt le premier juillet, ayant annoncé la veille que son roman Rigodon est achevé ».[46]

Ces éléments biographiques seront infusés dans la vie et les pérégrinations du narrateur par le biais de la transposition.

I-2- Vie du narrateur

En revendiquant la transposition, Céline use de sa biographie pour faire parler son narrateur. Ainsi déclare-t-il :

« il me faut, une transposition de tout... »[47]

Ce sont ses aspects biographiques qui lui ont permis d'écrire ses romans.

Dans notre corpus, nous avons trois narrateurs : Ferdinand-Bardamu, Ferdinand et Céline, respectivement dans Voyage au Bout de la Nuit, Le Pont de Londres puis Rigodon. Il est important de commencer par la vie de Ferdinand Bardamu, narrateur du premier grand roman célinien.

En relatant les faits, celui-ci parle toujours à la première personne pour montrer sa participation à la guerre. Il commence son "pèlerinage" à la place Clichy, où il rencontre un camarade, Arthur Ganate. Nous lisons cela à travers cette phrase

« Ça a débuté comme ça. Moi, j'avais jamais rien dit. Rien. C'est Arthur Ganate qui m'a fait parler. Arthur, un étudiant, un Carabin, lui aussi, un camarade. On se rencontre donc à la place Clichy. C'était après le déjeuner. Il veut me parler. Je l'écoute ».[48]

---

[46] ATA (Jean-Marie):Cours de Littérature Française, Brazzaville, E.N.S., 2004.

[47] Céline, cité par Raimond (Michel) in Le Roman depuis la Révolution, op. cit., p. 205.

[48] Voyage, p. 4.

Ces deux camarades ne resteront pas ensemble pendant longtemps, parce que ne partageant pas un même avis. Cela est perceptible lorsque Jean marie

ATA, écrit :

> « Ganate défend « la race française tandis que Bardamu ne la défend pas, qualifié « d'anarchiste».Bardamu présente la «`race française » comme "un ramassis de miteux" ».[49]

Son lien avec Arthur est éphémère étant donné leurs points de vue divergents. Après cette séparation, Bardamu participe au conflit qui opposa l'Allemagne à la France où il s'est fait brigadier:

> « Je me suis réveillé dans une autre engueulade du brigadier. La guerre ne passait pas. Tout arrive et-ce fut à mon tour de devenir brigadier vers la fin de ce même mois d'août ».[50]

Bardamu est blessé par un éclat d'obus. Cela est rendu manifeste lorsque le narrateur parle en ces termes :

> « Ça a fait des histoires. Les uns ont dit: « Ce garçon-là, c'est un anarchiste, on va le fusiller, c'est le moment, et tout de suite, y. a pas à hésiter, faut pas lanterner, puisque c'est la guerre ».[51]

C'est son comportement qui a fait qu'on puisse tirer sur lui. Car il était en marge de la société. Il rencontrera Léon Robinson qui devient comme son alter ego. Les deux feront chemin ensemble et s'entendent bien. Ils sont des antihéros, l'un faisant office du double de l'autre :

> « Un des éléments de la cohérence du Voyage, c'est le retour constant de Robinson qui est en quelque sorte le double de Ferdinand (...) Leur première rencontre, au front, pendant la guerre, a lieu au cœur de la nuit (...) A l'instar de Robinson, Ferdinand est un antihéros à la guerre, il rêve d'être fait prisonnier ... ».[52]

Ces deux amis sont des marginaux, ils corrodent les valeurs sociales.

Ceux-ci regardent toujours le monde d'une autre vision. Cette corrosion, Bardamu l'exerce par le vol d'une boite de conserve :

---

49 ATA (Jean-Marie) in L'Image de l'autre dans la Littérature Française, op. cit., p. 185.
50 Voyage, pp. 21-22
51 Ibid, p. 61.
52 Céline, cité par Raimond (Michel), in Le Roman depuis la Révolution, op. cit., p.205

« Il y a longtemps qu'on y a renoncé... ce sont les gaffes
...Et je crois en avoir commis une tout à fait irrémédiable
- En volant les conserves ?,
- Oui, j'avais cru cela malin, imaginez !... »[53]

Bardamu a vécu comme un bohémien qui doit voler pour survivre. Il ne vit que du jour au lendemain. Sa vie sentimentale n'est vraiment pas stable, il en connaît souvent des déceptions :

« Trois femmes ont été aimées par Ferdinand, mais celui-ci avec Lola comme Musyne, a été déçu. Molly, la prostituée de Détroit, est la seule qui soit liée à lui par une vraie tendresse ».[54]

Il est amoureux certes, mais son amour ne connaît pas de réciprocité.

C'est à peine que Molly lui confirme l'amour qu'elle avait pour lui :

« Elle essayait bien aimablement de me retenir auprès d'elle. Molly, de me dissuader... « Elle passe aussi bien ici qu'en Europe la vie, vous savez Ferdinand! On ne sera pas malheureux ensemble».[55]

Molly le console de sa mélancolie et lui promet une vie heureuse. Celui-ci demeura sceptique, parce qu'il est habitué à changer de femmes. A chaque déplacement, il en trouve toujours.

L'auteur a ensuite prêté son vécu à Ferdinand, narrateur du Pont de Londres

Ce "pèlerin" arrive en Allemagne où il obtint son diplôme. Cela peut se lire à travers cette phrase :

« Il avait pris son brevet à Berlin, et dans toutes les règles dès 1902 »[56]

Ce voyage était bénéfique pour lui. Il va continuer son excursion à Londres. Là-bas, il rencontre Sosthène qui deviendra son compagnon fidèle. Ces deux amis apparaissent comme des comédiens, car chez eux tout est amusant, même quand ils vont à la conquête, ils ne cessent de rire :

« C'était juste une petite nique, un badinage... Un rien du tout Que rigolade (...) Sosthène avec sa robe, il fait plutôt mièvre à côté ... »[57]

---

[53] Voyage, p. 67.
[54] Raimond (Michel): Le Roman depuis la Révolution, op. cit., p. 205.
[55] Voyage, p. 229.

[56] Le Pont de Londres, p. 12.
[57] Ibid. p.p. 19-20.

Il sera reçu chez un colonel où il tombera amoureux de Virginia, la nièce de celui-ci. Ferdinand est un anarchiste, il commet des grands crimes dans la société. Ainsi reconnaît-il sa culpabilité, en disant :

> « J'ai commis des crimes ... bien des crimes.
> Je me suis conduit mal ... Je me suis conduit si mal ...
> Je me demande où je me trouve ? où je suis ?
> Je me suis conduit trop mal ».[58]

Ferdinand confesse sa culpabilité pour mériter l'amour de Virginia qu'il aime tant. Il ne voudrait pas la perdre, d'où sa confession.

Les repères biographiques céliniens, sont enfin présents chez Céline, narrateur du Rigodon; ce narrateur est un "pèlerin". Il traverse l'Allemagne, ce voyage lui a permis de faire la connaissance d'une demoiselle, Odile Pomaré.

Il va au Danemark, pour chercher à rencontrer ses compagnons disparus pendant la guerre :

> « Je pensais peut-être à Restif et d'autres ? à propos je l'ai jamais revu Restif... ni en Allemagne, ni au Danemark. Je l'ai demandé partout ».[59]

Céline n'est jamais séparé de Lili, sa femme, ni de Bébert, son chat. Ces derniers l'accompagnent partout. Cela est visible lorsque le narrateur déclare :

> « Nous allons donc à la plate-forme, moi Lili; Bébert... ».[60]

Ce sont ces deux compagnons qui l'ont soutenu pendant la guerre, ce qui le fortifie davantage.

Ces narrateurs n'ont pas pérégriné seuls, ils ont été accompagnés par d'autres protagonistes dont la présence fut importante dans le déroulement des actions.

I-3- Présence des personnages

Outre le narrateur qui a participé à l'histoire, il y a bien d'autres protagonistes qui y ont pris part et qui veulent témoigner également des faits vécus. Ceux-ci viennent consolider le narrateur. Si l'on admet que le roman est une œuvre de fiction, c'est pour

---

[58] Ibid. p. 109.
[59] Rigodon, p.p. 157-158.
[60] Ibid. p.p.; 144-145.

autant dire que tout ce qu'il raconte ne peut être vrai, sinon que fictif, comme le déclare Maurice Blanchot :

> « Le roman est une œuvre où les événements, les personnages, en tant que fictifs, se réalisent sur les mots par un acte double, en perpétuel porte-à-faux, celui de l'écriture et celui de la lecture (...) Cela suffirait à faire comprendre combien la fiction est la réalité propre du roman ».[61]

Les personnages ne sont autres que les êtres fictifs que l'auteur évoque pour écrire son roman. Tandis que dans notre corpus, Céline use de son vécu pour faire parler ses personnages. Chez lui, tout est basé sur les repères historiques.

François Mauriac renchérit, en disant:

> « Les héros de romans naissent du mariage que le romancier contracte avec la réalité ».[62]

Lorsque Céline transpose sa vie en attribuant un rôle à chaque personnage, c'est pour les rapprocher de la réalité. C'est ce que Philippe Lejeune appelle :

> «L'illusion biographique ».[63]

L'histoire narrée peut être réelle, mais le fait qu'elle soit transposée dans un roman, elle devient également fiction.

Il est évident que plusieurs protagonistes gravitent autour du narrateur, mais nous ne citerons que ceux qui ont joué un rôle important dans le récit. Dans ce contexte Robinson, le protagoniste du Voyage, est le compagnon fidèle du narrateur. Les deux ont beaucoup combattu et se sont conseillé mutuellement pour subsister jusqu'à la fin du combat:

> « Comme il ne se trouvait toujours personne sur notre chemin à vouloir de nous comme prisonniers, nous finîmes par aller nous asseoir sur un banc dans un petit square et on a mangé alors la boîte de thon que Robinson Léon menait et réchauffait dans sa poche depuis le matin ».[64]

---

[61] Blanchot (Maurice), cité par Raimond (Michel) in Le Roman depuis la Révolution, op. cit., p. 328.
[62] Mauriac (François), cité par Raimond (Michel) in Le Roman depuis la Révolution, op. cit., p. 318.
[63] Lejeune (Philippe), cité par Groupe Yourcenar d'Anvers, in Roman, Histoire et Mythe dans l'œuvre de Marguerite Yourcenar, Paris, Simone et Maurice Delacroix, 1995, p. 12.
[64] Voyage, p. 46.

Il est de même pour Sosthène dans Le Pont de Londres qui devient lui Aussi, le meilleur ami du narrateur. Il le protège en tous lieux et en toute circonstance, il ne dit jamais du mal de l'autre. Il défend son ami devant le colonel qui est suspecte d'être amoureux de sa nièce Virginia. Nous lisons cela à travers ces mots :

> « Le colonel s'avance vers nous (...) Il contemple Sosthène. Il regarde sévèrement Virginia (...) Il laisse Sosthène jacasser, l'encourage même d'un geste aimable.. Sosthène bonimente toujours, il s'agite au beau milieu, gesticule, harangue... Puis il va regarder à la fenêtre, il montre au colonel ces gens, toute cette foule en bas qui piétine... à plein trottoir... Ah ! ».[65]

Par contre, les personnages céliniens dans *Rigodon* constituent une sorte de trilogie, différents des deux premiers romans susmentionnés qui se comportent en double :

> « Nous allons donc à la plate-forme, moi, Lili et Bébert ».[66]

Cette même trilogie est rendue visible à travers cette phrase:

> « Nous ne pouvons inviter personne, on a à peine pour nous trois !... »[67]

En dehors de ces protagonistes qui ont pérégriné avec le narrateur, il est également des femmes qui l'ont soutenu dans son excursion. Ainsi, dans le Voyage, Bardamu a aimé plusieurs femmes, cet amour n'était pas réciproque, il aimait plus qu'on ne l'aimait. Dans tout cela, il n'y a qu'une seule qui a pu lui ouvrir son cœur, cette femme c'est Molly. Cela se traduit par son cours, lorsqu'elle essaie de lui remonter le moral en disant:

> « On ne sera pas malheureux ensemble ».[68]

Molly malgré son instabilité, veut quand même l'aimer de tout son cœur.

Cette déception est également présente dans Le Pont de Londres.

Le narrateur est amoureux de Virginia, mais celle-ci ne l'aime pas autant.

---

[65] Le Pont de Londres, p. 41.
[66] Rigodon, p.p. 144-145.
[67] Ibid. p. 165.
[68] Voyage, p. 229.

C'est le narrateur qui l'aime au point d'en mourir :

> « Je vais lui faire ma prière... je veux l'adorer jusqu'à la mort ».[69]

Cependant, les femmes ont joué également un rôle important dans Le Pont de Londres. Ce sont elles qui transportent les mutilés de guerre partout où elles vont pour sauver leur vie. C'est ce qui explique la cohésion de leur action dans ce roman. Pendant que la guerre se déroule, elles sont toujours solidaires et n'abandonnent pas leurs amis :

> « (...) leur souci ces femmes c'est de traverser tout Hanovre avec leur paralysé ! Ces trois femmes dévouées qui qu'iraient se plaindre ».[70]

Par ailleurs, cette solidarité féminine se lit également dans *Rigodon* lorsque Lili, pense à nourrir les autres, en cherchant à bouillir le thé. Cela peut se lire dans cette phrase :

> « Lili a l'idée, du thé !... elle a du thé par petits sachets, dans sa musette ... »[71]

Elle joue le rôle de mère, qui se soucie de ses enfants qui ont faim. Leur présence fut importante, vu l'aide qu'elles apportaient à la population pendant la guerre.

Fortement influencés par le vécu de l'auteur, dans leur création ces personnages tissent la trame du récit célinien. Cependant chacun garde son autonomie par rapport à l'auteur, et fonctionne de manière différente de l'instance autobiographique.

---

[69] Le Pont de Londres, p. 40.
[70] Ibid., p. 166.
[71] (3) Rigodon, p. 165.

CHAPITRE II: INSTANCES D'AUTOBIOGRAPHIE

Fondés sur ses propres expériences, les romans céliniens vacillent entre le vécu et l'imaginaire. L'auteur préfère d'abord parler de lui-même avant de parler des autres, tel que le déclare Brincourt:

> « Ecrire pour Céline, c'est tout autre chose que se raconter ».[72]

Cependant, cette réalité, qui est transposée dans le genre romanesque, semble rapprocher les textes de l'autobiographie dont les instances sollicitent cette

> « Triple identité : auteur, narrateur et personnage »,[73]

Pour savoir le rôle que joue chacun d'eux pour connaître leur particularité.

Ces trois instances sont si importantes qu'il faille les étudier tour à tour.

II-1- Auteur

L'auteur c'est celui qui conçoit et écrit une œuvre. Il crée son narrateur et des personnages fictifs, en leur attribuant un caractère humain. Mais ceux-ci se différencient de l'auteur par leur rôle intradiégétique, comme le stipule Henri Bénac :

> « Auteur, narrateur et personnage ont en principe des identités bien distinctes: l'auteur est la personne réelle qui invente l'histoire et lui demeure étrangère ; il a une fonction sociale et extralinguistique ; le narrateur a une fonction purement linguistique ; c'est celui qui rapporte l'ensemble des événements contenus dans la fiction; le personnage est un rôle de cette fiction, défini par un certain nombre d'attribution (nom, fonction sociale...)».[74]

Ces trois identités, différemment définies par Henri Bénac, nous montrent que l'écrivain est le seul juge qui connaît a priori ce que va dire son narrateur. C'est le cas pour Céline qui prête ses propres expériences aux narrateurs et tout ce qui est raconté dans ses romans, relève de sa personnalité. En retraçant son portrait dans ses romans, l'auteur se veut réaliste. A juste titre Jean-Marie Goulemot, écrit:

> « Il ne s'agit plus simplement de faire vrai, il faut avoir vécu, vu ce que l'on raconte...».[75]

[72] Brincourt (André): Les Ecrivains du XXe siècle, p. 169.
[73] Sarraute (Nathalie), in, Etudes Littéraires: la Question Autobiographique, op. cit., p. 275.
[74] Bénac (Henri): Guide des Idées Littéraires, Paris, Hachette, 1998, p. 35.

[75] Goulemot (Jean-Marie) in Magazine Littéraire: Les Ecrivains Voyageurs de l'Aventure à la Quête de Soi, N° 432 juin 2004, p. 25.

Dans notre corpus, Céline est absent de la diégèse, mais confie tout au narrateur qui devient comme son porte-parole. Celui-ci nous fait revivre les différents moments de la vie de l'auteur.

II-2- Narrateur

Le narrateur est ici le porte-parole de l'écrivain. Il est celui qui raconte l'histoire et est à la fois intradiégétique et extradiégétique.

Ainsi, les narrateurs céliniens sont intradiégétiques, lorsqu'ils décrivent une situation à laquelle ils ont participé; en la décrivant toujours à la première personne. Cela peut se lire par les propos de Bardamu :

> « Dès que j'eus pris la route, à cause de la fatigue, je parvins mal à m'imaginer, quoi que je fasse, mon propre meurtre, avec assez de précision et de détails. J'avançais d'arbre en arbre, dans mon bruit de ferraille ».[76]

Bardamu parle de son propre meurtre avec toute aisance, parce que témoin de l'événement.

Par ailleurs, Ferdinand est également intradiégétique. Dans Le Pont de Londres, il est le seul témoin de l'histoire qu'il nous relate avec certitude :

> « Je sais que moi qu'étais bien au courant des dangers, de la guerre qu'avais passé dur au massacre ».[77]

Le narrateur est le premier à détenir l'information, avant que son personnage ne s'en aperçoive. Il connaissait déjà les dangers, les méfaits de la guerre. Si bien qu'il n'a plus eu peur de cette guerre, elle est amusante et éphémère pour lui.

Cependant, ces deux narrateurs céliniens ne sont pas seuls; témoins de l'histoire, Céline l'est aussi dans Rigodon. Ce narrateur nous relate ses aventures dans de différents pays qu'il a traversés, comme le note Karl Krauss:

> « On ne voyage pas pour voyager mais pour avoir voyagé ».[78]

C'est la raison pour laquelle, le narrateur nous relate les faits à la première personne pour montrer sa grande participation. Or, s'il ne les retrace pas ainsi, ce serait comme s'il n'avait jamais voyagé.

---

[76] Voyage, op. cit., p. 36.
[77] Le Pont de Londres, p. 81.
[78] Magazine Littéraire : Les Ecrivains Voyageurs de l'Aventure à la Quête de Soi, op. cit., p. 27.

Par contre, le narrateur n'est pas toujours intradiégétique, il peut être aussi extradiégétique. Dans cette optique Noël KODIA déclare :

> « Celui-ci peut voir ses aventures être rapportés par une tierce personne (récit à la troisième personne du singulier) ».[79]

Cela veut dire que le narrateur est désormais absent de l'histoire c'est pourquoi il y aura changement de personne morphologique. Au départ, c'est le narrateur qui parlait à la première personne, ensuite intervient la troisième personne du singulier. On assiste à l'apparition d'un autre personnage fictif que nous pouvons lire dans le Voyage :

> « Il ne déjeunait pas du tout ce vieux garçon et ne dînait guère que deux ou trois fois par semaine, au plus, mais là alors énormément, selon la frénésie des étudiants russes dont il conservait tous les usages fantasques ».[80]

Le narrateur assiste à la scène mais n'y participe pas. C'est plutôt un personnage qui témoigne ici, pour montrer aussi sa présence au moment du déroulement des faits. Cette participation à distance est présente dans Le Pont de Londres :

> « Le lendemain c'était encore bien pire. Il voulait plus se lever du tout... Il faisait la grève. Il voulait plus remonter là-haut dans la soupente du colonel... ».[81]

Ferdinand voit ses aventures se raconter par un autre personnage fictif. Si bien que dans ce discours, il y a la présente dominante du pronom il et des verbes conjugués à l'imparfait de l'indicatif, qui est le temps de l'énonciation historique :

> « L'énonciation historique (récit) "chez Benveniste comporte trois temps : le passé simple, l'imparfait et le plus-que parfait».[82]

Tout cela montre l'absence du narrateur dans le récit. Cette absence du narrateur dans l'histoire est sans doute encore présente dans Rigodon, car du monologue du narrateur, intervient un autre personnage:

> « Voici Nimier, il n'a pas vieilli (...) Il est plus gamin que jamais... il ne vient pas pour être admiré! ... il ne s'agit ni de politesse,

---

[79] Kodia (Noël):Initiation à la Lecture Plurielle des Romans, E.N.S. Département de Langues et Littératures, Brazzaville, Décembre 2003, p. 40.
[80] Voyage, p. 282.
[81] Le Pont de Londres, p. 81.
[82] Benveniste (Emile), cité par Kodia (Noël) in Initiation à la Lecture Plurielle des Romans, op. cit., p. 15.

ni de philosophie affectueuse ».[83]

C'est ainsi que s'explique l'absence du narrateur dans la diégèse; celui-ci cède la place à un autre être fictif.

Nous noterons que dans ce corpus, les narrateurs n'ont pas vécu renfermés ils ont cohabité avec d'autres êtres imaginaires que l'écrivain a évoqués, pour consolider le récit. Ces êtres sont appelés personnages ; et leur rôle a été aussi Important dans la diégèse.

II-2- Personnage

Plusieurs scènes du roman, montrent que le personnage comme le narrateur, a été témoin de l'histoire. Mais ces deux êtres fictifs sont tout à fait différents du fait que le narrateur joue un rôle primordial et le personnage, un rôle secondaire, comme le déclare Marcel Proust :

> « Le narrateur ne nous rapporte que ce qu'il sait.
> La dissociation du personnage tient d'abord au
> caractère subjectif et partiel du témoignage... ».[84]

Ces personnages racontent les différents moments de la vie de l'auteur. Ceux-ci sont classés sous deux classes différentes. Nous avons d'un côté les riches et de l'autre les pauvres. A juste titre, Céline, écrit :

> « Il n'y a qu'un antagoniste vrai, celui des riches et des pauvres :
> tous les autres n'en sont que des avatars secondaires ».[85]

Dans les romans, céliniens, il n'y a que les riches qui sont capables de tout et n'ont peur de rien. Les pauvres sont toutefois chosifiés :

> « Il faut bien vivre et prendre pour les vendre les choses
> et les gens qu'on ne mange pas tout de suite. Le pauvre
> n'a plus qu'à vendre son travail ou soi-même ».[86]

---

[83] Rigodon, p. 190.
[84] Proust (Marcel), cité par Raimond (Michel) in Le Roman depuis la Révolution, op. cit., p. 161.

[85] Céline, cité par Lalande (Bernard), in Profil d'une Œuvre : Voyage au Bout de la Nuit, Céline, Paris, Hachette, 1985, p. 31.
[86] Ibid., p. 32.

Cette distinction de classes est également présente dans Le Pont de Londres, lorsque Céline oppose les domestiques aux patrons :

> « Les domestiques avaient grand peur, ils redoutaient fort qu'on les accuse d'avoir voulu assommer leurs patrons, d'avoir ourdi un guet-apens ».[87]

Cela montre bien que dans l'histoire, il y a toujours des êtres qui sont supérieurs aux autres, comme nous pouvons encore le lire dans Rigodon :

> « Beaucoup de corps entre deux eaux qui s'effilochent... des corps de personnages célèbres ... et des corps de truands... minables... au mouvement des algues ... tous... en remous ».[88]

L'auteur met en exergue deux catégories d'individus. Les uns sont estimés et les autres sous-estimés.

Dès lors que ces trois instances sont différemment définies, force nous est de dire que les romans céliniens constituent une fausse autobiographie, parce qu'ils ne répondent pas aux principes du pacte autobiographique, énoncés par Philippe Lejeune. C'est ce qui fait que cette autobiographie soit difficile à appréhender.

---

[87] Le Pont de Londres, p. 118.
[88] Rigodon, p. 191.

CHAPITRE III: LA PROBLEMATIQUE DE L'AUTOBIOGRAPHIE

Difficile à appréhender, l'autobiographie pose problèmes dans les textes céliniens. Le narrateur à qui l'auteur a prêté son vécu, n'est qu'un être fictif, parlant à la première personne. Ce qui semble, évident, c'est que tous les textes céliniens sont écrits à la première personne que Hubert Aquin qualifie de :

> « Romans à incidences autobiographiques ».[89]

Cette autobiographie soulève également le problème du narrateur qui parle à la place de l'auteur en utilisant le pronom "je" que nous pouvons appeler le narrateur. Outre la première personne du singulier qu'utilise le narrateur célinien, le problème du pseudonyme pose problème dans les romans céliniens.

Louis-Ferdinand auguste Destouches, utilise le prénom de sa mère

Céline, pour écrire ses romans, Céline devient ainsi son nom de plume. Ce qui traduit une fausse autobiographie. Son nom de plume est bien différent de son nom de naissance. Tout cela nous amène à étudier comment l'auteur transpose son vécu la première personne du singulier.

III-1 : La première personne du singulier

Bien que les narrateurs céliniens corrodent les valeurs sociales, ils ne parlent que de ce qu'a vécu l'auteur. Ainsi, dans Le Voyage, Bardamu parle toujours la première personne ce Ecrits à la première personne du singulier, les romans céliniens relatent le vécu de l'auteur par le biais du narrateur. Très souvent, le héros est un marginal, comme le déclare René Démoris :

> « Les romans à la première personne se trouvent dans une position marginale ou critique par rapport à une thématique qui tend de plus en plus à être considérée comme caractéristique du genre romanesque tout entier ».[90]

qui déroute le lecteur qui pense qu'il s'agit de l'écrivain lui-même

> « Je n'avais pas d'auto moi non plus comme la plupart des autres médecins des environs, et c'était aussi comme une infinité à leur sens que j'aille à pied ».[91]

Quand le narrateur parle, il devient comme l'auteur lui-même en train de

---

[89] Aquin (Hubert), in Etudes Littéraires, La question Autobiographique, op. cit., p. 314.
[90] Démoris (René):Le Roman à la Première Personne, Paris, Armand Colin, 1975, p. 56.
[91] Voyage, p. 335.

narrer sa vie. Cela est également présent dans Le Pont de Londres :

> « je rougis, je sais plus où me mettre mille pattes ça le passionne tout de suite ».[92]

Cette confusion est présente dans tous les textes céliniens où le narrateur relate les faits à la première personne, comme nous pouvons le lire dans Rigodon:

> « J'ai connu ailleurs des escales à peu près aussi en friteries,... je dirais surtout le Bousbir Casablanca... ».[93]

Lorsque l'auteur écrit ses textes à la première personne, c'est pour montrer qu'il a été lui-même témoin des faits et non pour inscrire son texte dans une optique autobiographique, puisque le roman est une œuvre de fiction. Dans ce contexte, René Démoris écrit :

> « Cette fiction à la première personne se situe ostensiblement dans l'orbite romanesque : elle ne prétend pas tromper son lecteur. La référence qu'elle fait au vrai s'oppose à celle du vraisemblable, que revendiquent d'autres catégories de récits, notamment les nouvelles, et non au terme de faux... ».[94]

Un roman peut être écrit à la première personne, mais ne constitue pas une autobiographie, étant donné qu'il ne respecte pas les principes évoqués par Philippe Lejeune. En ce qui concerne notre corpus, nous dirons qu'il vacille entre le vécu et l'imaginaire. Ce vécu est relaté à la première personne, c'est pourquoi, il est utile d'étudier l'emploi du pronom "je".

III-2- L'emploi du pronom "je"

Nous remarquerons tout au long de son histoire, que Céline n'a cessé d'employer le pronom "je". Au départ, ce pronom traduit le monologue de l'écrivain, celui-ci entraînera plus tard le pronom "tu", deuxième personne du singulier qui suppose qu'il y a dialogue entre narrateur et ses personnages. Cela est visible lorsque Catherine Kerbrat-Orecchioni déclare :

> « Le discours littéraire se caractérise par le dédoublement suivant les instances énonciatives[95] :

---

[92] Le pont de Londres, p. 180.
[93] Rigodon, p. 216.
[94] Démoris (René):Le Roman à la Première Personne, op. cit., p. 160.
[95] Kerbrat-Orecchioni (Catherine) : L'Enonciation de la Subjectivité dans le Langage, Paris, Arman Colin, 1980, p. 171.

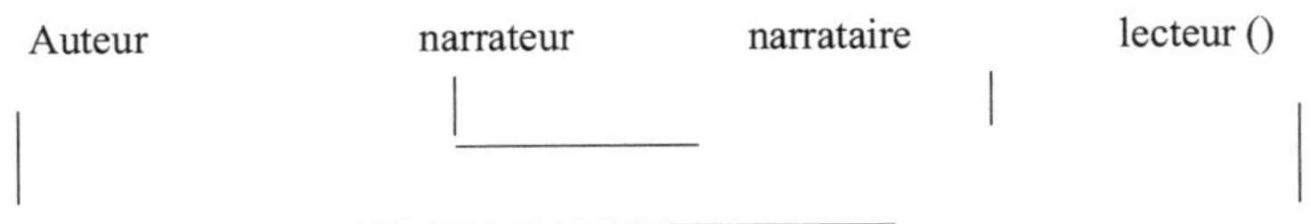

Ce pronom, "je" fait appel à un autre pronom "tu"., montrant qu'il y a communication entre deux personnes. Nous lisons cela dans Le Voyage :

> « J'ai été fait, (.....) J' suis pas vermis!... - Mais tu n'a pas apporté d'argent toi dans ta combinaison !... ».[96]

Cet emploi du pronom "je" est également utilisé dans Le Pont de Londres.

Cela se lit par le dialogue de Ferdinand et son ami Sosthène :

> « Mais vous ne prenez pour vous même ?(...) je n'ai pas peur des gaz, moi !».[97]

Le pronom "je" traduit la présence du narrateur, témoin des faits et le pronom "tu", l'intervention d'un autre personnage qui dialogue avec le narrateur que nous retrouvons dans tous les textes céliniens, que nous pouvons encore lire dans

Rigodon :

> « Je l'ai jamais revu Restif (...) Vous le savez... ».[98]

Le pronom "je" au départ, traduit le monologue de l'écrivain, qui transcrit son vécu tout seul, le dialogue vient lorsqu'il crée les êtres fictifs pour rendre vivant son témoignage. Celui qui parle en disant "je", n'est autre que le narrateur qui veut relater les faits vécus avec honnêteté.

L'emploi du pronom "je" qui brouille les canevas de l'autobiographie se révèle comme une particularité de la poétique célinienne.

---

[96] Le Voyage, p. 391.
[97] Le Pont de Londres, p. 123.
[98] Rigodon, p. 158.

III-3- Le "Je" narrateur

Souvent assimilé à l'auteur qui écrit, le "je" est dans un roman, mis pour le narrateur qui raconte le récit tiré du vécu de l'écrivain, tous les romans céliniens sont écrits à la première personne du singulier, d'où la difficulté de dissocier le narrateur de son auteur. Nous savons qu'il existe une différence entre l'auteur qui est une personne réelle et le narrateur, un "être de papier", crée par l'auteur lui-même. A ce propos, Pierre Vitoux, écrit :

> « Le roman autobiographique pose un autre problème qui relève de la distance. On doit bien entendu tenir pour acquis qu'il importe de faire une distinction radicale de fonction entre le je comme narrateur et le je comme actant... ».[99]

Cela veut dire que le narrateur ne peut en aucun cas, ressembler à son créateur qui n'est autre que l'écrivain. Ce sont deux êtres différents, comme le déclare Gérard Genette :

> « Il faut noter qu'il y a une différence entre l'auteur et le narrateur dans un texte (...). L'auteur est un élément extratextuel, un élément concret. Le narrateur est une instance abstraite, construite de toute pièce par l'auteur ».[100]

Dans les romans céliniens, c'est le narrateur qui est intradiégétique, c'est pourquoi, il parle toujours à la première personne, pour montrer qu'il est lui-même, témoin des faits. Cela peut se lire dans Le Voyage, à travers les propos de Bardamu :

> « J'ai donc repris la file des passants qui s'engageaient dans une des rues aboutissants et nous avançâmes par saccades à cause des boutiques dont chaque étalage fragmentait la foule ».[101]

Le narrateur parle à la première personne en utilisant le pronom "je" qui ne renvoie pas à l'auteur, mais à lui-même en tant que témoin des faits. Cela est également visible dans Le Pont de Londres :

> « Je voudrais que les policemen l'arrêtent... que le patron le fasse venir je rigolerais un peu... ».[102]

Ici, c'est le narrateur qui parle et non pas l'auteur. Celui-ci écrit seulement et nous revivons le fruit de son imagination par la mission qu'il a confiée aux narrateurs de tout

---

[99] Vitoux (Pierre), in Études Littéraires : La Question Autobiographique, op. cit., p. 263.

[100] Genette (Gérard), cité par Kodia (Noël) in Initiation à la Lecture Plurielle des Romans, op. cit., p. 42.

[101] Le Voyage, p. 196.

[102] Le Pont de Londres, p. 179.

raconter avec honnêteté. Cela est présent dans tous les romans céliniens, le narrateur est le porte-parole de l'écrivain, comme nous pouvons le lire encore dans Rigodon :

> « Je ne suis pas homme du monde, ce que je sais pas, je sais pas ».[103]

Le Narrateur célinien ne parle que de ce qu'il fait, voit et entend. Il ne peut raconter que ce qu'a vécu l'auteur, ce qui rapproche les textes céliniens de la réalité, mais pas de l'autobiographie. Si l'on admet que l'auteur est une personne réelle et le narrateur, un personnage fictif, il est sans nul doute de dire que le "je" employé dans les romans est la voix du narrateur. Alors, que vient faire l'auteur dans cette œuvre de fiction, puisqu'il est une personne réelle ?

Après cette étude sur la problématique de l'autobiographie, étudions à présent cette troisième partie, poétique célinienne pour comprendre sa spécificité romanesque et son écriture autobiographique pour aboutir à sa vision romanesque et autobiographique.

[103] Rigodon, p. 182.

TROISIEME PARTIE

POETIQUE CELINIENNE

Tout écrivain a sa manière d'exprimer ses sentiments, ses émotions et ses désirs. C'est ainsi que Céline Retrace son portrait pour nous faire revivre les différents moments de sa vie. Sa poétique sera influencée par sa carrière médicale.

Céline déclare sa vocation médicale lors de son dernier entretien avec Marc Hanrez, en disant:

> « Je ne peux pas dire que j'étais possédé par la religion ; j'étais possédé par la médecine, qui m'intéressait; et puis je suis venu dans cette littérature que vous connaissez... Ça, c'est un accident ».[104]

L'auteur montre bien qu'il est beaucoup plus médecin que littéraire, si bien qu'il en a transposé également dans ses romans. Sa poétique lui est particulière, parce qu'il veut tout recréer :

> « Sa poétique intègre une dynamique de fermentation, Céline recrée une langue nouvelle désacadémisée, une langue argotique sous-tendue par une truculente transposition. Il veut inclure l'émotion et le lyrisme dans son imaginaire »>.[105]

Sa carrière littéraire repose sur son vécu quotidien qu'il décrit dans ses romans. Ce qui nous amène à étudier sa spécificité romanesque qui se traduit par les procédés narratifs, le style et la syntaxe.

---

[104] Céline, in Revue des Sciences Humaines : Médecins et Littératures (2), Paris, L'Université de Lille III, 1987, p. 12.

[105] ATA (Jean-Marie):Cours de Littérature Française, Brazzaville, E.N.S. 2004.

CHAPITRE I: SPÉCIFICITÉ ROMANESQUE

Venu au monde littéraire par contingence, Céline se révèle un grand écrivain de son siècle par de nombreuses critiques acerbes qu'il porte sur la société de son époque. Ses romans décrivent les événements de sa vie. En plein XXe siècle, il recourt encore à la technique du roman picaresque, ce qui n'est plus de rigueur. Il utilise un style tout à fait nouveau au XXe siècle comme le déclare André Brincourt :

> « Céline s'est senti né pour blasphémer, venu au monde de l'art pour casser la boutique et rouler tout le monde dans la fange »>.[106]

Cette innovation de style est propre à l'écrivain dont tous les personnages ont horreur de rester sur place. Ce qui est encore surprenant, c'est que tous les narrateurs céliniens portent un des prénoms de l'auteur ; ce qui déroute le lecteur qui croit qu'il s'agit de l'auteur alors que c'est le narrateur qui parle dans le récit.

Etant donné que tous les romans céliniens sont inséparables de sa vie, il nous faut à présent, étudier les procédés qu'il utilise pour faire parler ses narrateurs.

---

[106] Brincourt (André) : Les Ecrivains du XXe siècle, op. cit., p. 169.

CHAPITRE I :

I-1- PROCÉDÉS NARRATIFS

Pour écrire ses romans, Céline utilise des techniques qui lui sont propres pour faire parler ses personnages. Mais il est avéré que tous ses textes sont écrits à la première personne. Il met en exergue sa vie toute entière, ce qui fait de lui un réaliste parce qu'il ne parle que de ce qu'il a vécu. C'est pourquoi, l'intrigue est racontée à la première personne pour montrer la réalité des faits. Cependant, il est des moments où le narrateur est égal au personnage, nous parlerons de focalisation interne :

> « Dans le texte à focalisation interne, le narrateur est théoriquement l'égal du personnage (...). Le narrateur en sait autant que les personnages qui occupent un immense diégétique que lui ».[107]

Le narrateur en sait au même titre le personnage, cela peut se lire dans

> « Il aurait éclipsé Fragson, dans l'époque dont je vous parle une formidable vedette... »[108]

Cette focalisation interne est également décelable dans Le Pont de Londres à travers le discours du narrateur :

> « Je risque ! je joue ma vie quand il le faut (...) Quand il faut mourir je meurs ! Sosthène un mot ?... ».[109]

Les personnages céliniens ne craignent rien. Ils sont animés par l'idée de faire du mal. Nous relevons cette focalisation interne dans Rigodon :

> « Le grand Guignol .... J'aurais jamais dit que depuis Stalingrad y avait plus de France ni de colonies, qu'il n'y avait plus que des figurants ».[110]

---

[107] KODIA (Noël): Initiation à la lecture plurielle des romans, op. cit., p. 13.
[108] Voyage, p. 19.
[109] Le Pont de Londres, p. 123.
[110] Rigodon, p. 257.

Le narrateur et le personnage ne sont pas toujours égaux, le narrateur peut être supérieur au personnage, on parle de focalisation zéro :

> « Dans ce type de focalisation, le narrateur en sait plus que le personnage. C'est le récit où domine la troisième personne du singulier ».[111]

Cette focalisation est présente dans <u>Le Voyage</u> :

> « Il s'est retourné encore une fois : « Dites bien à l'autre numéro qu'il redescende par ici en vitesse !... Qu'il perde pas son temps en route ! (...) ça serait dommage ... ».[112]

Cette prédominance de la troisième personne du singulier est également observée dans <u>Le Pont de Londres</u> où le narrateur est supérieur au personnage :

> « Il fait les deux monstres à la fois... il trépigne ... il rebondit, il râle ! il meurt... ».[113]

De même que cette supériorité du narrateur par rapport à son personnage dans les deux premiers romans, elle ne peut être absente dans

> « Il vient m'en parler et qu'Achille en a vraiment marre ....»[114]

Ce n'est pas toujours constant de dire que le narrateur est supérieur au personnage, alors qu'il est des moments où le narrateur devient inférieur au personnage ; on parle alors de focalisation interne :

> « Le narrateur en dit moins que n'en sait le personnage ».[115]

Dans ce contexte, le narrateur devient extradiégétique et le personnage, intradiégétique, c'est lui le témoin des évènements. Cela peut se lire dans <u>Le Voyage</u>.

> « Beaucoup de jeunes femmes dans cette pénombre, plongées en de profonds fauteuils, comme dans autant d'écrins. Des hommes attentifs alentour, silencieux... ».[116]

---

[111] KODIA (Noël): Initiation à la lecture plurielle des romans, op. cit. p. 13.
[112] Voyage, p. 131.
[113] Le pont de Londres, p. 127.
[114] Rigodon, p. 190.
[115] Genette (Gérard), cité par Kodia (Noël), in Initiation à la lecture plurielle des romans, op. cit., p. 14.
[116] Voyage, p. 196.

Ce personnage devient également supérieur au narrateur dans *Le Pont de Londres:*

> « On entendait leur coup de marteau, on aurait dit qu'ils cassaient tout ... ».[117]

Le personnage se donne à décrire les faits à la place du narrateur. Nous pouvons encore le lire dans Rigodon :

> « Je sais mieux qu'elle ce qui se passe !... et je veux pas être contredit ».[118]

Le personnage est intradiégétique et nous relate l'histoire avec honnêteté parce qu'il a pris la parole à la place du narrateur.

Si chaque écrivain a sa manière de concevoir les choses et de les Interpréter, quel serait alors le style célinien ?

1-2- Le style

Animé par le désir d'apporter du nouveau à la littérature française du XXème siècle, Céline utilise un style particulier en innovant avec la langue parlée qu'il transpose dans la langue écrite ; c'est la raison pour laquelle il se définissait comme :

> « Homme à style et non homme à idées ».[119]

Son style est encore nouveau et méconnu par ses contemporains. Céline veut tout recréer en transposant les événements de sa vie dans ses romans, ce qui n'est pas le cas pour ses contemporains. Comme le stipule André Brincourt :

> « L'originalité de son style contrairement à ce que l'on a dit et redit, se situe moins dans la truculence langagière dans l'argot que dans l'articulation très personnelle de la phrase... ».[120]

---

[117] Le pont de Londres, p. 101.
[118] Rigodon, p. 255.
[119] ATA (Jean-Marie): Cours de Littérature Française, Brazzaville, E.N.S., 2004.
[120] Brincourt (André): Les écrivains du XXème siècle, op. cit., p. 169.

Son style repose sur l'innovation de la langue. C'est un style neuf qu'il apporte au XXème siècle que nous pouvons lire ainsi :

> « On découvre en effet en Céline, un inventeur de style »[121]

Le fait de transposer son vécu dans ses romans, a fait de lui un grand écrivain de son siècle. Son style est proche de l'oralité, on écrit, comme on parle.

Nous lisons cela à travers les propos de Bardamu :

> « Y a plus moyen de le faire sortir ! ...
> ça lui ferait du bien. Pourtant de temps en temps !...
> ça vous ferait du bien ».[122]

Toute la beauté de ses romans, réside dans son style. Il fait une critique de la société de l'époque, comme nous pouvons le lire dans Le Pont de Londres :

> « Ça tournait vinaigre ! Il me regardait tout de travers !
> Mais moi qui l'avais le plus affreux ».[123]

Ces personnages parlent comme des "tirailleurs" en pleine guerre. Lui-même, Céline, étant soldat à la guerre, transpose ce langage en faisant parler ses personnages. Ces mêmes balbutiements sont encore présents dans Rigodon :

> « Mais c'est accusant tort travers qu'on risque
> un peu de tomber ».[124]

Tous les narrateurs céliniens, parlent de la même façon, en français du

"tirailleur". Ce qui traduit le côté caché de l'écrivain qui fut soldat avantage devenir médecin et écrivain. Céline transcrit ses souvenirs de la guerre dans ses romans.

Comme le stipule Jean-Marie ATA :

> « Le style célinien prend assise sur le côté psychologique
> marqué par la violence du verbe. Il traduit l'hystérie
> collective à travers les vitupérations ».[125]

---

[121] Beaumarchais De (Jean-Pierre) et Couty (Daniel):Anthologie des Littératures de Langue Française, Paris,
Bordas, p. 219.

[122] Voyage, p. 255.
[123] Le Pont de Londres. p. 73.
[124] Rigodon, p. 242.

[125] ATA (Jean-Marie):Cours de Littérature Française, Brazzaville, E.N.S. 2004.

Céline corrige la société en la blâmant. Le fait d'utiliser un tel langage, n'affecte en rien son talent. Bien au contraire, toute sa grandeur réside dans ce style nouveau qu'il apporte dans la littérature française, encore méconnu de ses contemporains. Cela veut dire que l'écrivain est celui qui peut tout recréer étant donné que le style n'est jamais collectif et que l'histoire qui est narrée dans les romans est inventée par l'auteur lui-même et Roland Barthes fait du style :

> « la marque de l'individu qui écrit, sa manière personnelle ».[126]

Dès lors, si l'on admet que le style est propre à l'écrivain, c'est à juste titre que Céline transpose sa vie dans ses romans. L'originalité du style célinien, réside dans la langue orale qui est transposée dans la langue écrite. Cette langue nouvelle que Céline prête à ses personnages, respecte - t- elle les normes grammaticales ? C'est cette étude syntaxique qui nous permettra de comprendre le style neuf de Céline.

1-3- La syntaxe

Le Dictionnaire Fondamental du Français Littéraire définit la syntaxe comme étant :

> « La partie de la grammaire se rapportant aux relations
> des différentes parties du discours ».[127]

Les romans céliniens sont écrits selon la conception célinienne du langage. L'auteur va de l'oralité à l'écrit. En escamotant la syntaxe, il veut souligner sa rupture avec l'écriture traditionnelle et innover avec la langue :

> « Céline libère la syntaxe pour libérer également les mots.
> Cette flexibilité volontaire imprimée aux tours, aux structures
> Professionnelles syntaxiques constitue une innovation et, voire
> une rénovation de la langue ».[128]

Cette innovation de la langue se traduit par le dialogue des personnages. Céline joue avec la langue qui devient comme un instrument dans lequel il puisse enregistrer

---

[126] Barthes (Roland), cité Aron (Paul) Saint Jacques (Denis) et Viala (Alain), in Le Dictionnaire du Littéraire, op. cit. p. 569

[127] Forest (Philippe) et Conio (Gérard): Dictionnaire Fondamental du Français Littéraire, op. cit., p. 201.

[128] ATA (Jean-Marie):Vision de l'Afrique Noire dans l'Imaginaire Romanesque de Louis-Ferdinand Céli(Approche Comparatiste de Voyage au Bout de la Nuit et Voyage au Congo d'André-Gide) Thèse de Doctorat cycle, Paris, IV Sorbonne, 1986, p. 104.

"sa musique". L'originalité de sa syntaxe se trouve dans le style nouveau que connaît la littérature.

Ses romans sont émaillés des onomatopées, contenues dans le dialogue des personnages. C'est comme si chaque chose a une signification. Cela traduit une douce musicalité. Nous pouvons lire ces onomatopées dans Le Voyage au travers du dialogue de Robinson et de Madelon :

> « Câlin ! Câlin ! (...)- Minon !... Minon ! ».[129]

Cela veut dire que les personnages céliniens imitent ce qu'ils font, ce qui= explique la comédie de l'écrivain lorsqu'il corrige la société en riant. Ces onomatopées sont encore présentes dans Le Pont de Londres :

> « Je lui mords les cuisses à même ! Gnam ! Gnam ! Gnam ! je la mangerais ».[130]

Ces onomatopées, expliquent, décrivent la manière dont Ferdinand dévore les cuisses de Virginia. Il rêve de l'avoir un jour pour la goûter avec avidité.
Cette imitation est une sorte de musique que Céline introduit dans son œuvre. Ses personnages dialoguent en dansant. Nous lisons cela dans Rigodon :

> « Il me faisait le geste! Tamponnés ! là pfam !... là, ptom... à plus finir !... ».[131]

La syntaxe célinienne n'obéit à aucune notion grammaticale, son style se veut être une rénovation de la langue. Cette innovation, fut un véritable pavé dans la mare. C'est un style provocateur. Cette manière de jouer avec la langue, ne dérange-t-elle pas l'écriture de l'autobiographie ?

---

[129] Lalande (Bernard):Profil d'une Œuvre : Voyage au Bout de la Nuit, op. cit., p.
[130] Le Pont de Londres. P. 105.
[131] Rigodon, p. 164.

CHAPITRE II: L'ÉCRITURE DE L'AUTOBIOGRAPHIE

Refusant toute imitation, Céline s'est servi de son propre vécu pour écrire Bès romans. Brincourt renchérit, en disant :

> « Ecrire pour Céline, c'est tout autre chose que se raconter ».[132]

Il préfère parler de lui-même, avant de parler d'autrui. Ce qui est surprenant, c'est que dans tous ses romans, nous retrouvons une tranche de sa vie.

Cela ne veut pas dire que ses romans sont autobiographies, c'est une façon pour l'auteur de se portraiturer.

Dans le Voyage et Le Pont de Londres, les héros portent un des prénoms de l'auteur, mais nous ne pouvons pas parler de l'autobiographie, car le nom de l'Etat civil de l'auteur est Louis-Ferdinand Destouches et non Ferdinand-Bardamu, ni Ferdinand tout simplement.

Il y a plusieurs accointances entre ce qu'a vécu l'écrivain, et ce qu'ont vécu les héros, mais cela ne peut être autobiographie, étant donné que son nom de plume ne figure pas dans ses deux romans. Or, Philippe Lejeune voudrait qu'il y eût identification parfaite entre "auteur-narrateur-personnage"; alors que l'écrivain a publié ses romans sous le pseudonyme de Céline. Ce qui fait de lui un écrivain talentueux mais incompris. Il le reconnaît, en disant:

> « J'ai pris pour pseudonyme le prénom de ma mère,
> pour ne pas être repéré... »[133]

Il transpose son vécu sous le pseudonyme Céline, qui n'est autre que le prénom de sa mère. Celui-ci ne fait aucune mention dans ses deux romans. Cependant, Rigodon fait une exception et peut s'apparenter à une autobiographie. Le héros se nommé Céline, ce qui induit une filiation avec l'auteur, tel que cela apparaît sur la couverture. Il y a une identification entre l'auteur et le narrateur selon le schéma de Lejeune.

---

[132] Brincourt (André): Les Ecritures du XXème siècle, op. cit., p. 169.
[133] Op. Cit., p.p. 170-171.

S'il faut parler de l'autobiographie dans les romans céliniens, nous citerons Rigodon, où l'on peut retrouver cette alliance entre auteur -narrateur les deux autres romans figurent dans l'ensemble des "romans à incidences autobiographiques".

Ces trois romans constituent une satire de la société. En utilisant un langage particulier qui enrichit la littérature nouvelle pour rompre avec la littérature traditionnelle. Son écriture est encore insaisissable, comme le note André Brincourt :

> « J'ai écrit pour les rendre illisibles (...). C'était tout simplement méconnaître les réflexes littéraires (...). Le mépris total de l'humanité m'est extrêmement agréable. C'est à ce prix que je conserve mon calme [...] là, je trouve ma musique ... les êtres, je les viole».[134]

C'est ainsi que Céline veut véhiculer le message à la société qui l'écoute ; mais "zigzague" avec la syntaxe qui n'obéit pas aux normes grammaticales. Il utilise une langue particulière, ce qui déroute le lecteur qui l'assimile parfois au langage enfantin. L'auteur ne peut se retenir d'écrire ce qu'il ressent. A juste tire, Jean-Paul Sartre, écrit :

> « Il faut tout écrire au courant de la plume, sans chercher les mots ».[135]

Le fait de ne pas "chercher les mots, fait de l'écrivain un novateur de la littérature, puisque c'est lui qui introduit une langue nouvelle dans ce XXème siècle.

Toute sa joie est dans l'invention :

> « La poétique célinienne se caractérise par un refus systématique de l'imitation, il n'y a pas de modèle dans l'univers célinien. Ce qui justifie la création de ses propres mécanismes littéraires dans la vision de l'Afrique Noire (...). Céline ramène la littérature à une problématique du langage fondée sur l'existence de la nature sociale ».[136]

---

[134] Céline, cité par Brincourt (André), in Les Ecritures du XXème siècle, op. cit., p-p. 168-169.
[135] Sartre (Jean-Paul), cité par Brincourt (André), in Les Ecritures du XXème siècle, op. cit., p. 648.
[136] Hindus (Milton), cité par ATA (Jean-Marie), in Vision de l'Afrique Noire dans l'Imaginaire Romanesque Louis Ferdinand Céline, op. cit., p.p. 99-100.

Ce refus de tout imiter, fait de Céline un grand écrivain de son temps. L'originalité de son style, se trouve dans cette nouvelle façon de parler dans tous ses romans et que nous avons appelé le langage.

II-1- Le langage

Le style célinien, trouve sa valeur dans les conversations des personnages. L'auteur joue avec le vocabulaire pour faire parler ses personnages. Céline n'a jamais imité quoi que ce soit. Cela est perceptible à travers cette assertion :

> « C'est délibérément que Céline inscrit son texte au niveau du langage commun. Céline se veut populiste et tentant de concilier la réalité à l'écrit, dans un style "désacadémisé" proche de l'oralité et imprégné de sa musique ».[137]

Cette conciliation de l'écrit et de l'oralité, fait de lui un écrivain de talent. C'est ainsi qu'il sera appelé styliste français, ce qui le ragaillardit, au regard de l'entretien accordé par l'écrivain :

> « Le fait que vous me trouviez styliste me fait plaisir. Je suis cela avant tout point penseur nom de Dieu ni gr écrivain mais styliste je crois l'être mon gr-père était professeur de rhétorique au havre ».[138]

L'auteur crée un langage nouveau, pour contribuer à l'enrichissement de la langue française qu'il considère pauvre. C'est ainsi que dans tous les romans céliniens, nous retrouvons les discours interminables qui montrent que ces personnages auraient encore beaucoup à dire, mais parfois dans le néant. Tout son langage constitue une sorte de musique. Céline tourne le roman en dérision. Le langage est vide de sens et ne respecte pas la syntaxe. Cela est également présent chez Beckett, dont les personnages se communiquent difficilement, comme le stipule Brincourt :

> « Mais voici venir le temps d'écrire pour ne rien dire, plus précisément pour signifier l'insignifiant ».[139]

---

[137] ATA (Jean-Marie) : Vision de l'Afrique dans l'Imaginaire Romanesque de Louis-Ferdinand Céline, op. cit. p. 102.
[138] Hindus (Milton), cité par ATA (Jean-Marie), in Vision de l'Afrique Noire dans l'Imaginaire Romanesque de Louis Ferdinand Céline, op. cit. ? p.p. 99-100.
[139] Beckett (Samuel), cité par Brincourt (André) in Les Ecrivains du XXème siècle, op. cit., p. 95.

Céline introduit une langue nouvelle dans la littérature, mais il reste encore ambigu. Tout le XXème siècle sera marqué par l'illogisme et les jeux sur losangée qui installent l'incommunicabilité entre les êtres. Le langage devient comme le personnage principal de la Littérature Moderne et du Nouveau-Théâtre.

Le langage célinien se veut être un enrichissement de la langue française.

Mais, tout en recourant à la technique du roman picaresque, l'écrivain allie la satire à la comédie pour corriger les mœurs de son époque. C'est ainsi que son œuvre sera caractérisée par l'illogisme qui entraîne parfois l'incommunicabilité entre les personnages car les phrases sont décousues et vides de sens :

> « Il n'a ni syntaxe, ni style ! il n'écrit plus rien !... »[140]

Le langage, au lieu d'être un instrument de communication, s'explique plutôt par la banalité des propos. Le langage est usé, vide de sens. L'auteur prend le contre-pied de l'écriture traditionnelle, en utilisant des phrases désarticulées. Les propos des personnages se succèdent comme s'ils étaient en train de danser. C'est ce qu'il appelle sa "petite musique" que nous pouvons lire dans cette phrase:

> « Et à son âge, elle en réchapperait sûrement pas d'un coup
> de pétard comme on lui en préparait un Comme ça
> en plein dans la tire... ».[141]

Ces propos confirment en fait le projet de Céline qui est ici d'introduire sa "petite musique" dans tous ses romans qui constituent son portrait. Cette banalité des propos est également présente dans Le Pont de Londres :

> « T'es rusé piaf! T'es rusé ! T'es rigolo! une canaille !
> Il m'ajuste au flanc... Comme ça là... Boum! Boum !
> en plein cœur... je rigole avec lui ».[142]

C'est dire que tout est comique et amusant. Les personnages ne font qu'imiter tout ce qu'ils rencontrent dans leur parcours.

---

[140] Rigodon, p. 213.
[141] Voyage, p. 391.
[142] Le Pont de Londres, p. 67.

Dans cette même optique, nous pouvons lire ce qui suit :

> « Ah ! le bon tour !... Ah ! y a de quoi rire ! je vous demande !...
> je me marre comme eux, ouah ! ouah ! ouah !... idiots ».[143]

Céline utilise un langage désarticulé pour faire parler ses personnages. Le langage se trouve au cœur même de l'œuvre. Cette banalité des propos peut encore se lire dans Rigodon :

> « Vous verrez demain où ce sera ...London ? ...
> Prague?... Moscou ?... vous irez voir... ici, immédiat,
> y a la peur de quoi ?... ».[144]

Son langage constitue une sorte de satire. Il use de la comédie pour corriger la société. Le langage est surtout contracté comme on peut le constater chez Ionesco où les propos des personnages se succèdent de façon décousue:

> « Ce n'est pas par là, c'est par ici, c'est par là, c'est par ici,
> C'est pas par là, c'est par ici, c'est pas par là, c'est par ici,
> C'est pas par là, c'est par ici ! ».[145]

Cette usure du langage, s'entend comme une douce musicalité, au centre de La Cantatrice Chauve. En utilisant la technique picaresque, Céline souligne une rupture entre l'écriture traditionnelle et moderne. Il en est de même pour Ionesco qui a ainsi adopté le système traditionnel du théâtre français classique du XVIIème siècle. Il se moque du théâtre contemporain. Il met en exergue le langage, qui est le personnage du Nouveau. Théâtre ou Théâtre de l'Absurde

II-2- Le discours

Le Dictionnaire Fondamental du Français Littéraire, définit le discours comme étant :

> « Tout énoncé linguistique se constituant d'un
> ensemble cohérent de phrases ».

[143] Le Pont de Londres, p. 95.
[144] Rigodon, p. 70.
[145] Ionesco (Eugène):La Cantatrice Chauve, Paris, Gallimard, 1952, p. 81, Scène XI.

Ainsi, le discours voulait qu'en se communiquant, les personnages parviennent à donner l'essentiel du message ; qu'ils puissent se comprendre.

Le discours célinien n'obéit à aucune notion grammaticale; il ne respecte pas la syntaxe. Il est bâti selon l'humeur de l'auteur qui veut faire parler ses personnages. Céline précise en effet, son intention, en écrivant :

> « J'ai toujours été masochiste et con oui ! Je crèverai de ma connerie. Je me suis trompé de file en 1940; rien de plus. Mais c'est quand même con. J'ai voulu faire le malin. J'aurais pu aller à Londres. Je parle l'anglais comme le français »>.[146]

Céline insiste sur son caractère, qu'il est un masochiste. C'est ainsi que tous les discours, prononcés par les narrateurs, seront colorés d'humour et d'injures. Nous remarquerons que tout le long de l'intrigue, les personnages n'ont cessé de ricaner et d'insulter :

> « Si je lui donnais un lavement, Docteur ? Qu'en pensez-vous ? je ne répondis ni par oui, ni par non, mais je conseillai une fois de plus, puisque j'avais la parole, l'envoi immédiat à l'hôpital (...) Je me promettais tout ce qu'on voulait. Je tendis la main. Ce fut vingt francs. Elle referma la porte derrière moi, peu à peu » .[147]

Le discours célinien ne répond guère aux critères énoncés plus haut. Tout se passe en collaboration avec l'auteur qui lui-même est un masochiste ; il corrode les valeurs sociales de son époque, en les transposant dans ses romans. Cela peut se lire dans Le Pont de Londres où on a tendance à chosifier les êtres humains :

> « Mademoiselle Odile?... je ne suis pas sûr, c'est peut être agrégée d'allemand ? ... Pas sûr non plus !... Lectrice de français à Besleau hin ! hein ».[148]

---

[146] Céline, cité par Girault (François), in Céline: 1944-1961 Cavalier de l'Apocalypse, Paris, Mercure de France, 1981, p. 315.

[147] Voyage, p. 263.

[148] Le Pont de Londres, p. 195.

Le discours, montre comment l'écrivain use du langage pour faire parler les personnages. C'est un discours qui lui est propre. Cela peut se lire encore dans

Rigodon :

> « Pourtant je me trouve drôle ... que j'ai envie de rire !
> Je le dis à Lili... Elle ne croit pas que j'ai envie de rire ».[149]

Ces discours, alliant la satire à la comédie, octroient aux textes un autre caractère comique. Cette douce musicalité célinienne montre comment l'auteur prend le contre-pied de l'écriture traditionnelle, d'où les phrases restent toujours inachevées.

I-3- Les phrases inachevées

Les personnages céliniens se communiquent, mais souvent ne terminent pas leurs conversations. Nous remarquerons que l'auteur a utilisé toute une floraison de ponctuations dominées ici par les trois points de suspension, qui montrent les propos interminables des personnages. Ces propos sont souvent banals et décousus que nous pouvons lire dans Le Voyage :

> « Somme toute, t'en es sorti pas mal du tout d'une foutue sale affaire,
> je t'assure !... Et voilà qu'on te laisse peinard ! ... Et t'as trouvé en plus
> la petite Madelon qui est gentille et qui veut bien de toi... ».[150]

Dans ces phrases, le signe de ponctuation qui domine c'est les points de suspension, dans un discours contracté. C'est une façon pour Céline d'enrichir la langue française, qui selon lui est pauvre. Ces phrases interminables peuvent encore se lire dans Le Pont de Londres :

> « La fête continue... Et « bang! et « Ban » ! Et Bing !...
> et Bing ...» et Bamoum !... ».[151]

---

[149] Rigodon, p.p. 254-255.
[150] Voyage, p. 391.
[151] Le Pont de Londres, p. p. 114-115.

Ces points de suspension, expriment la joie des personnages qui dansent cette musique célinienne. Cette même musique est perçue depuis la couverture du livre, Rigodon, qui constitue une danse macabre. Comme le stipule Le Dictionnaire des Lettres Françaises:

> «Dans Rigodon, allusion narquoise au destin qui ne rate jamais son coup et qu'il faut présenter comme une vieille danse sautillante à la française ».[152]

Cette douce musicalité célinienne, est une satire de la société française de l'époque. Il veut enrichir la langue française, mais reste comique dans son écriture que nous retrouvons dans Rigodon :

> « Il m'explique ... un train « stratégique spécial »... alors ? pour où ?... pas de nom de ville ! ... Ça commence bien ! ... I loco au charbon ... ».[153]

Ces phrases interminables, sous-entendent que ces personnages auraient encore beaucoup à dire, leurs conversations se prolongent dans le silence. Tout cela n'est que faux-semblant.

Ces points de suspension, traduisent le projet de Céline qui consiste à rénover la langue. Il s'agit en fait pour lui, de prendre le contre-pied de l'écriture traditionnelle.

Nous étudierons cette conciliation du genre romanesque et autobiographique pour comprendre la conception célinienne de la guerre, l'amour et la mort.

---

[152] Bercot (Martine) et Guyaux (André):Dictionnaire des Lettres Françaises, op. cit., p. 230.
[153] Rigodon, p. 144.

CHAPITRE III: VISION ROMANESQUE ET AUTOBIOGRAPHIQUE

En écrivant ses romans, Céline s'est voulu indépendant, refusant toute imitation. Sa conception du genre romanesque et de l'autobiographie lui est propre, puisque son projet consiste en la transposition de ses éléments biographiques. Sa vision consiste également à présenter une "contre-société", pour se moquer de l'écriture traditionnelle.

Pour bien comprendre cette alliance entre le genre romanesque et le genre autobiographique, il sera important d'étudier la conception célinienne de la guerre, l'amour et la mort.

III-1- La guerre

Les romans céliniens sont fondés sur sa propre expérience. Soldat lui-même pendant la guerre, Céline ne peut se retenir de transposer cela dans ses romans. Ainsi précise-t-il son projet, en disant :

> « Il me faut, une transposition de tout... ».[154]

L'auteur transpose les éléments de sa vie dans ses romans, pour nous faire part de son vécu. Ce qui situe les textes à "mi-chemin entre la fiction et le réel", d'où cette conciliation du genre romanesque et autobiographique, car les faits relatés par les narrateurs, relèvent de sa propre expérience.

Cette guerre de 1914-1918, est vécue pour certains comme un événement malheureux et douloureux, mais elle est pour l'écriture Célinienne, un moment de détente, de joie, pour introduire sa langue nouvelle dans la littérature de son époque. Il transpose cette guerre de façon comique et grossière, en jouant avec les mots :

> « Plus Céline et Denoël en rajoutent dans le misérabilisme, plus les critiques dénoncent les grossièretés de la langue et plus le public veut lire ce témoignage (...) transposé, écrit, rythmé, à la différence du document naturaliste dont il parcourt les terrains sans reprendre les procédés »>.[155]

[154] Céline, cité par Raimond (Michel), in Le Roman depuis la Révolution, op. cit., p. 205.
[155] Améras (Philippe): Céline: Entre haines et Passions, Paris, Robert Laffont, 1994, p. 127.

Céline, décrit la guerre qu'il a vécue, en utilisant un langage proche de l'oralité, pour apaiser la douleur du lecteur devant ce spectacle choquant. C'est aussi pour l'auteur une façon de cacher son amertume:

> « Le corps meurtri à jamais, médaillé militaire déjà, pauvre héros dérisoire. Le cavalier Destouches allait revenir de ce « Voyage au Bout de la Nuit » sous le nom de Céline ».[156]

C'est ainsi que toute sa production littéraire sera marquée par la guerre. Son œuvre est le fruit de ce grand cataclysme mondial dont il a été témoin et veut nous en faire part, au moyen des narrateurs. Il regarde le monde d'une autre manière, en introduisant sa "petite musique", pour adoucir cet événement malheureux :

> « Céline n'apportait pas seulement une "vision" nouvelle, mais plus subtilement, un chant, un chant désespéré sur une musique inconnue... ».[157]

Cette musique, introduite dans son écriture, est une consolation pour ceux qui sont assassinés et maltraités. Tous les personnages sont animés par ce désir de faire du mal aux autres. La guerre n'est rien pour eux, sinon qu'une comédie ; comme le déclare Bardamu :

> « Jamais je ne m'étais senti aussi inutile parmi toutes ces balles et les lumières de ce soleil, une immense, universelle moquerie. Je n'avais que vingt ans d'âge à ce moment-là ».[158]

Le narrateur ne recule devant rien, et ne redoute personne. Il est attiré parce désastre. Tout jeune, il s'engage dans l'armée pour combattre les ennemis. Ainsi parle-t-il :

> « Tout arrive et fut à mon tour de devenir brigadier vers la fin de ce même mois d'août. On m'envoyait souvent avec cinq hommes, en liaison, aux ordres du général des Entrayes ».[159]

---

[156] Brincourt (André) : Les Ecrivains du XXème siècle, op. cit. ? p. 167.
[157] Ibid., p. 168.
[158] Voyage, p. 12.
[159] Ibid. p. 22.

Bardamu avait toujours été animé par le sentiment de la guerre, qui au départ lui paraissait comme un passe-temps, mais en sort très déçu, parce que blessé par un éclat d'obus et tombe malade :

> « Alors je suis tombé malade, fiévreux, rendu fou, qu'ils ont expliqué à l'hôpital, par la peur. C'était possible. La meilleure des choses à faire, n'est-ce pas, quand on est dans ce monde, c'est d'en sortir ? Fou ou pas, peur ou pas ».[160]

Après s'être blessé au front, il tombe malade et retourne à Paris et sa maladie durera longtemps. Cette guerre est rendue manifeste par les mots appartenant au champ lexical de la guerre comme :

"fusibles".[161]

"les blessés troubles".[162]

"de toutes les armes".[163]

"les soldats parqués".[164]

"(...) tous les combattants...[165]

"dans la patrie militaire".[166]

Cette même guerre est encore plausible dans Le Pont de Londres :

> « Ça tournait vinaigre !... Il me regardait tout de travers ! Mais moi qui l'avais le plus affreux. J'allais encore faire du malheur... La mauvaise foi... ça vous bouleverse ! ».[167]

Ferdinand, est fier de raconter la guerre dont il a été témoin. Il est obsédé par l'envie de faire du mal. C'est ainsi que tout le roman est bâti sur des éléments traduisant ce désastre :

"L'honneur abominable !"[168]

"(...) les calibrer".[169]

---

[160] Voyage, p. 60.
[161] Ibid., p. 61.
[162] Ibid., p. 61.
[163] Ibid., p. 64.
[164] Ibid., p. 80.
[165] Ibid., p. 82.
[166] Ibid., p. 84.
[167] Le Pont de Londres, p. 73.
[168] Ibid., p. 72.
[169] Le Pont de Londres, 103.

"J'aime le risque".[170]

"fusillé ? ")[171]

"des horreurs... des batailles".)[172]

"le gaz homicide".)[173]

"les mutilés".)[174]

Tous ces éléments, traduisent l'envie de combattre, ressentie par les personnages des romans céliniens, c'est comme s'ils étaient nés pendant la guerre et pour faire la guerre. Ce désir de combattre est également présent dans Rigodon:

> « Le train des obusiers démarre... leur loco en coke (...) et notre usine est kaput! bombardes, brûlée... ».[175]

Tout le roman est émaillé d'éléments symbolisant la guerre. Celle-ci, a causé beaucoup de dégâts, malgré le fait que Céline l'écrit de façon ironique. Il tire les conséquences de ce grand cataclysme dont il a été victime :

> « Fils de petits bourgeois, parisiens, engagé en 1912, grièvement blessé en 1914, Céline est envoyé à Londres, puis travaille au Cameroun ».[176]

Céline transpose la guerre de 1914 à 1918 dans ses romans, pour montrer sa participation à cet événement. Il joue avec la langue pour décrire cette calamité. La langue utilisée ici, elle celle des anciens combattants.

En la décrivant de façon comique, l'auteur cache son amertume et sa désolation. Au départ, ce conflit était une illusion mais il se transforme en désillusion, parce que Céline est blessé, une blessure qui lui donnera une maladie chronique.

C'est l'une des leçons qu'il puisse tirer de cette guerre meurtrière. Nous dirons que son œuvre prend assise sur la guerre dont il a été victime.

---

[170] Ibid., p. 123.
[171] Ibid. p. 138.
[172] Ibid. p. 41.
[173] Ibid. p. 119.
[174] Ibid., p. 123.
[175] Rigodon, p. 157.
[176] Beaumarchais (Jean-Pierre de) et Couty (Daniel): Anthologie des Littératures de langue Française, op. cit.,
p. 219.

Toutefois, Céline ironise, en usant d'un langage désacadémisé, ce qui montre la douleur qu'il cache derrière le comique. Le conflit est le credo de l'œuvre célinienne, puisque les discours des personnages sont teintés d'indices symbolisant cet événement.

Si la guerre a engendré des conséquences graves sur les personnages céliniens, quelle serait alors la place de l'amour, réservée dans notre corpus ?

III-2- L'amour

Soldat pendant la guerre, Céline n'a pas exclusivement consacré ses romans aux catastrophes, car l'amour y trouve également une place non négligeable. Cependant, nous remarquerons que cet amour est décrit sous deux aspects bien distincts: l'amour fraternel et l'amour sentimental.

L'amour fraternel, c'est celui qu'entretiennent les personnages entre eux. Pendant que la guerre se déroule, les personnages céliniens sont unanimes et s'entraident mutuellement. Cela est rendu visible dans les conversations de Bardamu de son camarade Arthur Ganate :

> «Ça a débuté comme ça. Moi, j'avais jamais rien dit. Rien. C'est Arthur Ganate qui m'a fait parler. Arthur un étudiant, un carabin lui aussi, un camarade... ».[177]

Dès la première page du roman, Arthur engage une conversation pour sortir Bardamu de la solitude, c'est ainsi qu'ils se sont lié des amitiés.

Nous lisons encore l'amour de Bardamu pour Robinson qui devient en quelque "sorte comme le double de Ferdinand Bardamu" :

> « un des éléments de la cohérence du Voyage, c'est le retour constant de Robinson, qui est en quelque sorte le double de Ferdinand : (...) leur première rencontre, au front, pendant la guerre, a lieu, au cœur de la nuit... ».[178]

Bardamu et Robinson s'aiment bien qu'ils jouent aussi de mêmes rôles. Ils se ressemblent et se comportent comme des jumeaux. Leurs idées se convergent, c'est pourquoi ils sont solidaires. Bardamu éprouve également de l'amour pour son chat Bébert, il se promène partout avec. Il l'a toujours personnifié pour se consoler du chagrin qu'il éprouvait suite à la mort de Bébert comme le stipule Bernard Lalande :

---

[177] Voyage, p. 4.

[178] Raimond (Michel): Le Roman depuis la Révolution, op. cit., p. 205.

> « Après avoir achevé ses études de médecine, Bardamu s'établit en banlieue, à la Garenne-Rancy. Il se prend d'affection pour Bébert, neveu d'une concierge de la rue ».[179]

Céline avait beaucoup aimé Bébert. Il était hanté par les souvenirs des bons moments qu'ils ont passés ensemble, si bien que lorsqu'il transpose ses éléments biographiques, il ne cesse de parler de son chat Bébert qui n'est autre qu'une allusion. Cela peut se lire encore dans Rigodon :

> « Nous allons donc à la plate-forme... moi, Lili, Bébert...».[180]

Céline est inséparable du chat Bébert. C'est une façon pour l'auteur de l'immortaliser. Pour lui, Bébert est immortel.

Cette camaraderie est encore présente dans Le Pont de Londres, par l'amitié entre Sosthène et Ferdinand qu'il rencontre après ses multiples errances, il arrive à Londres où il se crée des liens avec Sosthène. Les deux s'entendent bien et vont toujours à la conquête ensemble :

> « Je te ferai voir le chien de ma chienne !
> Allons! Allons! Soyons convenables !...
> devant cette jeune fille !... ».[181]

Les deux amis se comportent souvent comme des comédiens, parce qu'ils sont habitués à plaisanter, c'est pourquoi, Ferdinand l'invite au sérieux. Tout cela, dans le but de séduire la jeune fille.

Le deuxième aspect évoqué est l'amour sentimental ; qui se traduit par les sentiments que les narrateurs ont éprouvés des femmes qu'ils ont connues :

> « Je ne crois pas à l'avenir, Lola... Lorsqu'elle découvrit à quel point j'étais devenu fanfaron de mon honteux état, (...).
> Elle résolut de me quitter sur-le-champ.
> C'en était trop ».[182]

Ferdinand-Bardamu est amoureux, mais son amour est éphémère. Il aime Lola, mais celle-ci le quitte le plus vite possible. Son amour ne connaît que des échecs. Outre Lola, Bardamu a aimé Musyne qui l'a déçu aussi. Ce qui est surprenant c'est que de toutes les femmes qu'il a connues, Molly, la prostituée de Détroit est la seule à lui exprimer son amour :

---

[179] Lalande (Bernard): Profil d'une (Œuvre: Voyage au Bout de la Nuit, op. cit., p. 20.
[180] Rigodon, p.p. 144-145.
[181] Le Pont de Londres, p. 48.
[182] Voyage, p. 66.

> « Trois femmes ont été aimées par Ferdinand, mais celui-ci, avec Lola comme avec Musyne, a été déçus. Molly, la prostituée de Détroit, est la seule qui soit liée à lui par une vraie tendresse ».[183]

Molly exprime tout son amour à Ferdinand, mais il ne s'en offusque pas, parce qu'il est souvent déçu et il craint désormais les déceptions. Il aime, mais son amour ne connaît pas de réciprocité. Il en est de même pour son compagnon Robinson, dont l'amour le conduit à la mort. Les deux rencontreront les femmes au même moment, puisque l'un a toujours été considéré comme l'égal, le substitut de l'autre, c'est à juste titre que leurs déceptions amoureuses aillent de paire :

> «Bardamu et Robinson rencontrent, l'un Molly, l'autre Madelon, trop tard. « T'arrives trop tard ! » Hurle Robinson, et Bardamu s'en va parce qu'avant Molly il a malheureusement rencontré Lola et Musyne (...) il était trop tard pour me refaire une jeunesse ».[184]

Les deux amis n'ont plus d'admiration pour les femmes. Quant à Bardamu, il regrette plutôt les deux autres femmes que d'aimer Molly. Son histoire d'amour, fait que le *Voyage* soit considéré comme "une éducation sentimentale".

Ce manque de réciprocité d'amour peut encore se lire dans Le Pont de

Londres où le héros Ferdinand soigne son image pour gagner l'affection de Virginia qui semble être insensible à ses propos:

> « Elle aurait peut-être appelé «Au secours !... » quel tête-à-tête ! Je demeure bien sage... Je me fais charmer par ses petits mots, ses petites remarques merveilleuses à propos de tout... de rien... J'étais déjà son prisonnier ».[185]

Ferdinand aime Virginia, malheureusement cet amour n'est pasréciproque. Puisqu'elle ne dit mot, devant les éloges que lui fait Ferdinand. Il l'aime tant et peut mourir pour elle. Cela est rendu visible lorsqu'il lui ouvre son cœur, disant:

> « Je lui montre que je l'aime elle me trouve tout de même exubérant. . Je me remonte à genoux. Je vais lui faire ma prière... Je veux l'adorer jusqu'à la mort (…..). Elle rit ... Ses jambes croisées... Ah ! J'ai honte !... Ah ! Je l'adore... Ah ! mais je l'adore ».[186]

---

[183] Raimond (Michel):Le Roman depuis la Révolution, op. cit., p. 205.
[184] Lalande (Bernard):Profil d'une (Oeuvre: Voyage au Bout de la Nuit, op. cit., p. 51.
[185] Le Pont de Londres, p. 37.
[186] Ibid., p. 40.

Ferdinand déifie Virginia qu'il veut adorer au point même d'accepter la mort pour elle, mais celle-ci ne l'aime pas autant. C'est ainsi que les romans céliniens seront considérés comme des romans où l'amour est pratiquement inexistant. Il n'existe que des obsédés sexuels et non de véritables couples qui s'aiment.

Toutefois, l'amour de Céline, envers Lili est réciproque. Lili l'accompagne partout et ne l'a jamais quitté, ainsi que son chat :

> « Nous allons donc à la plate-forme, moi, Lili et Bébert ».[187]

Lili dont il est question ici, n'est autre que Lucette, la femme de Céline. Le trio explique comment l'auteur pérégrinait avec son épouse et Bébert qu'il transpose dans ses romans. Le héros célinien rejette d'autres protagonistes pour ne considérer que les siens :

> Nous ne pouvons inviter personne, on a à peine pour nous trois ».[188]

Céline est prudent et ne veut pas partager ce qu'il a, de peur que ses compagnons ne crèvent de faim. Ce sont ses conseillers dans toutes les circonstances.

Nous remarquerons aussi que, les propos des personnages sont teintés de mots traduisant leur obsession :

> « C'est affreux ce qu'ils sont esclaves, automobilistes, (...) pluri sexuels (...). Nous et notre façon de zigzaguer à travers l'Allemagne ».[189]

Cela veut dire que les protagonistes violaient toutes les femmes qu'ils rencontraient en cours de route. Ces "zig-zig dont il fait mention, renvoient au coït tel que défini par Édouard Robert :

> « Zig-zig : dérivé de zigzaguer : locution signifiant « faire l'amour » zig-zig, prononcé d'une voix interrogative, fut une proposition malhonnête fréquemment faite par les soldats allemands aux jeunes femmes françaises entre 1940-1944 (peut être en leur proposant des cigarettes ou un cigare?».[190]

---

[187] Rigodon, p. 145.

[188] Rigodon, p. 165.
[189] Ibid., p.p. 183-184
[190] Robert (Edouard), cité par Orlando de (Rude), in Ces Mots qui font du Bruit: Dictionnaire des Onomatopées, Interjections et autres Vocables Expressifs de la Langue Française, Paris, Jean-Claude Lattès, 1998-p.p. 337-338,

Ces onomatopées, traduisent la manière dont les personnages céliniens copulent avec les jeunes femmes françaises. Ils ont fait d'elles leur proie.

Par ailleurs, nous pouvons encore lire ceci :

> « Sautez ? Rigodon!... et zig zig nous pourrions nous aussi baver
> Il faut foutre pas nom de Dieu !... ».[191]

Les personnages céliniens donnaient de la drogue aux jeunes femmes, pour les violer ensuite. C'est comme s'ils n'étaient venus au monde que pour le coït. Le narrateur parle en ces termes :

> « Tout de même j'aurais de me secouer... Comment elle hésite et se décide... au moment de la vie, si j'ose dire... tout notre théâtre et nos belles-lettres sont au coït... ».[192]

Les personnages sont des obsédés sexuels, car toutes leurs conversations tournent autour du coït. Les personnages se moquent de leur union éphémère avec les jeunes femmes françaises qu'ils massacraient pendant ce grand désastre.

Le fait de violer exclusivement les jeunes femmes françaises, traduit bien la position de Céline, d'apporter du nouveau dans la langue française. Ce qui fut l'objet de discorde entre Bardamu et son camarade Ganate :

> « Ganate défend « la race française » tandis que Bardamu ne la défend pas, qualifié d'«anarchiste ». Bardamu présente la « race française » comme "un ramassis de miteux" ».[193]

Le côté caché de Céline est celui de la non défense de la race française d'où le qualificatif d'anarchiste qui est attribué à Bardamu. Les narrateurs céliniens ne peuvent dialoguer sans se référer au corps.

---

[191] Rigodon, p. 263.
[192] Ibid., p.p. 233-234.
[193] ATA (Jean-Marie), in L'Image de l'autre dans la Littérature Française, op. cit., p. 185.

C'est comme s'ils étaient venus au monde pour violer ces jeunes femmes, mais leur union amoureuse n'est pas durable, sinon qu'éphémère comme le déclare Marc Hanrez:

> « Lorsque Céline parle des « manœuvres verbales autour du coït. on dirait qu'il parle de manœuvres abortives, destinées à empêcher la naissance d'une représentation véridique de l'acte amoureux ».[194]

Ce désir aigu, de connaître l'être humain, n'est pas fortuit, il traduit aussi la vocation médicale de l'écrivain, en train de faire ses recherches, tel que le stipule

Marc Hanrez :

> « Pour Céline, le savoir sur le corps constitue un savoir non seulement sur la vie biologique, mais aussi sur la vie morale, sociale etc. Sur la vie « totale»> si bien qu'on ne peut pas se poser la question d'une écriture en quelque sorte médicale, non point au sens où le médecin serait au sur plus écrivain, mais au sens où le médical gouvernerait un style, une écriture, où le médecin informerait l'écrivain qu'il porte en lui, c'est-à-dire lui imprimerait sa forme ».[195]

L'évocation du corps humain confirme bien la vocation médicale de Céline, qui n'est pas de violer les patients, mais de les traiter.

Cette guerre, entraînera des conséquences graves qui ont précipité la disparition de plusieurs protagonistes que nous pouvons étudier à travers le thème de la mort.

III-3- La mort

Ce grand cataclysme mondial, ne pouvait pas se terminer sans laisser de cicatrices indélébiles dont la mort qui a frappé plusieurs êtres humains et animaux.

L'auteur nous transpose les événements d'une manière plaisante. Ici, la mort n'est réservée qu'aux pauvres, seuls les riches en sont épargnés.

A ce propos, Bernard Lalande, écrit :

> « Le pauvre ne peut choisir qu'entre faire le mal ou périr ».[196]

Les pauvres sont moins valeureux dans l'œuvre célinienne. Ils sont victimes de tous les maux qui minent la société.

---

194)Hanrez (Marc), in Revue des Sciences Humaines: Médecins et littératures (2), op. cit., p. 8.
195 Ibid. p. 8.
196 Lalande (Bernard):Profil d'une (Oeuvre Voyage au Bout de la Nuit, op. cit., p. 31

Cette guerre, décrite de façon comique, a été ressentie comme un chocaussi bien pour l'écrivain que pour les personnages. Cela est perceptible, lorsque Bardamu voit mourir son ami Robinson:

> « Dans le taxi qui les ramène tous à l'asile, Madelon fait une scène à Robinson qui s'explique enfin : il est las de tout, et surtout des grands sentiments. Madelon le tue de trois balles de revolver... ».[197]

Les personnages céliniens n'ont pas peur de la mort. Ils sont obsédés parl'idée de faire du mal. Madelon tue son propre fiancé qu'elle a tant aimé. On n'a aucune pitié pour autrui, on assassine et maltraite les autres. Le narrateur nous informe que l'un de ses compagnons est mort, mais sans regret :

> « Le maréchal des logis Barousse vient d'être tué, mon colonel ».[198]

C'est comme s'il se réjouit de l'absence de l'autre.

Dans cette même optique, nous pouvons lire ce qui suit :

> « Le malheureux n'a que sa vie à offrir, son « métier» est donc «d'être tué »... ».[199]

Cette mort, réservée aux pauvres, a été aussi ressentie comme un choc pour certains, de constater la disparition de leurs amis :

> « Marion est mort, vous le savez... Pas eu le temps de lui demander rien... ce cher Marion ! comme il nous a aidés à tenir à Sigmaringen... qu'il nous a prévenus des traquenards... ».[200]

Le narrateur nous relate la mort de Marion avec peine. Il en éprouve du chagrin, après s'être souvenu des bons moments qu'ils ont passés ensemble. Ces accumulations de morts sont encore observées dans Le Pont de Londres où il n'y a plus de différence entre les riches et les pauvres, tous sont victimes de la mort :

> « Beaucoup de corps qui s'effilochent... des corps de personnages célèbres ... et des corps de truands... minables... au mouvement

---

[197] Ibid., p. 16.
[198] Voyage, p. 16.
[199] Op. cit., p. 32.

[200] Rigodon, p. 158.

des algues, tous en remous ».[201]

La mort devient une obsession. Les personnages céliniens trouvent leur joie dans la tuerie et dans l'assassinat :

« Tant pis!... Tant pis!... ma question est outrageante ?
oh ! je veux le tuer ! je le hurle ! ... je vais le tuer ! ».[202]

Le narrateur est guidé par l'envie de faire du mal. L'univers céliniens se transforme en une véritable hécatombe où les personnages sont massacrés et tués comme des animaux. Ils sont victimes de beaucoup de maladies et meurent comme à l'abattoir. Cette pulsion de mort omniprésente confirme l'idée que la vie se révèle un bout de lumière qui se termine dans la nuit.

201 Le Pont de Londres, p. 191.
202 Ibid., p. 105.

CONCLUSION

Au terme de cette réflexion consacrée à la problématique du roman célinien et de l'autobiographie, trois supports nous ont servis de base d'analyse, chacun ayant son intrigue et son dénouement.

Notre objectif était de montrer au travers de chaque diégèse, la spécificité romanesque dans la poétique célinienne ainsi que le traitement de l'autobiographie en terme de l'écriture du "moi", les deux genres étant générés par un même auteur aux mécanismes discursifs insolites.

Notre argumentation devait prendre appui sur la typologie de Philippe Lejeune qui établit une césure radicale entre le romanesque et l'autobiographie. Le roman relevant d'une pure fiction et foncièrement prosaïque, tandis que l'autobiographie obéissant à des contraintes spécifiques au niveau des instances : Auteur-narrateur-personnage, dont la condition sine qua non de sa réalisation s'avère l'adéquation parfaite entre les trois instances. Si cette condition n'est guère remplie, le texte s'inscrit dans le cadre de la ressemblance.

Notre analyse a porté sur trois modules, autonomes mais néanmoins solidaires. Ainsi, la première partie a tenté de cerner la spécificité de la fiction romanesque au niveau du Voyage au Bout de la Nuit, du Pont de Londres et de Rigodon, et a relevé que chaque texte prenait sa source dans le vécu de l'écrivain, romancé par le biais de la transposition. En effet, le prénom Ferdinand que Céline octroie aux héros du Voyage au Bout de la Nuit et à celui du Pont de Londres suggère une filiation implicite entre l'auteur, géniteur de la narration et leurs héros narrateurs. Il est également indéniable que les pérégrinations de Bardamu pendant la guerre, en Afrique polluante, en Amérique conquérante, l'exercice de la médecine dans les banlieues parisiennes, avec son cortège de morts et de fous, les relations affectives souvent soldées par les échecs, sont issus des expériences de Louis-Auguste Ferdinand Destouches Céline. Tous ces éléments ont été infléchis par l'auteur et infusés dans le roman. Cependant, le traitement approfondi des instances romanesques en l'occurrence, les lieux évoqués, les personnages, l'espace et le temps a permis d'établir une vision claire entre le registre romanesque et celui de l'autobiographie. Ainsi, Ferdinand-Bardamu et Ferdinand sont les héros du roman traditionnel, voués à une errance, ce qui les élève au niveau des héros problématiques.

Le deuxième module de cette argumentation s'est cristallisé sur l'autobiographie, telle que définie par Philippe Lejeune. Il en découle qu'en dépit du rapprochement patronymique que l'on peut opérer entre Ferdinand Bardamu, hors Pont de Londres, les deux textes demeurent distants de l'autobiographie, malgré l'impact significatif du vécu de l'auteur. En effet, le « je » usité dans ces deux romans symbolise la voix de chaque narrateur et non celle de l'auteur.

Aux antipodes de cela, le roman Rigodon établit une adéquation entre l'auteur Céline, le narrateur Céline et le personnage Céline, pacte suffisant pour entrer dans l'aire de l'autobiographie, selon la typologie de Philippe Lejeune Le pseudonyme Céline n'est pas un handicap à l'autobiographie dans la mesure où il renvoie à une identité.

Le troisième module a montré la singularité des procédés narratifs dans les trois textes et a révélé que chaque texture a été tissée sur la base d'un dénominateur commun: la transposition, le style désacadémisé et une syntaxe déconstruite, volonté délibérée de l'auteur de créer et de recréer une langue totalement innovée, argotique et populaire. Cette langue nouvelle traduit la pulsion de mort omniprésente, avec de nombreuses pertes humaines, de disparus et de sans-abris, symbole d'un monde en folie, corollaire du grand cataclysme de 1914-1918.

La réponse à notre problématique peut être formulée en affirmant qu'au niveau du Voyage au Bout de la Nuit et du Pont de Londres, le lecteur entre de plain-pied dans la fiction, tandis que dans Rigodon, il découvrira les indices d'une autobiographie, car elle est toujours passible d'une vérification, au niveau des repères biographiques de l'auteur et surtout de l'Etat civil.

Après la vérification de nos hypothèses de départ, formulées dans la problématique, le lecteur peut s'interroger sur la pertinence des notions : roman autobiographique et l'autobiographie pure, ressassées depuis un temps au niveau de la littérature.

BIBLIOGRAPHIE

1- CORPUS

CÉLINE (Louis-Ferdinand): Voyage au Bout de la Nuit, Paris Denoël et Steele, 1932; Gallimard, 1952, 5005 pages; édition de référence.

-Le Pont de Londres, Paris, Gallimard, 1964, 507 pages.

- Rigodon, Paris, Gallimard, 1969, 315 pages.

II- OUVRAGES GÉNÉRAUX

1- RAIMOND (Michel): Le Roman depuis la Révolution, Paris Armand Colin,1981, 298 pages.

2- DÉMORIS (René): Lo Roman à la Première Personne, Paris, Armand Colin, 1975, 497 pages.

3- DARCOS (Xavier): Histoire de la Littérature Française, Paris, Hachette, 1992, 227 pages.

3-IONESCO (Eugene): La Cantatrice Chauve, Paris, Gallimard, 1952, 81 pages.

5- BRINCOURT (André) Les Ecrivains du XXème siècle, Paris, Retz, 1979, 730 pages.

6-BEAUMARCHAIS (Jean Pierre de) et COUTY (Daniel): Anthologie des Littératures de la Langue Française, Paris, Bordas, 1988, 794 pages.

III-QUVRAGES BRITIQUES

1. **GIBAULY (Fra) Céline** de 1944-1961, Paris Mercure de France, 1981, 187 pages

2- ALMÉRAS (Philippe): Céline entre Haines et Passions, Paris, Robert Laffont, 1994, 476 pages.

3- LALANDE (Bernard): Profil d'une Œuvre: Voyage au Bout de la Nuit, Paris, Hâtier, 1976, 80 pages.

4- GROUPE YOURCENAR (D'Anvers): Roman, Histoire et Mythe dans l'œuvre de Marguerite Yourcenar, Paris, Simon et Maurice Delacroix, 1995, 528 pages.

5- ATA (Jean-Marie): D'une Vision, l'autre ; le Modèle Célinien, in l'Image de l'autre dans la Littérature Française, (DR, Omer

MASSOUMOU), F.L.S.H. Département de Langue et Littérature Françaises, Brazzaville, Université Marien-Ngouabi, 2004, 227 pages.

IV- OUVRAGES DIDACTIQUES

1- BÉNAC (Henri), RÉAUTÉ (Brigitte): Vocabulaire des Études Littéraires, Paris, Hachette, 1993, 256 pages.

2-BÉNAC (Henri): Guide des Idées Littéraires, Paris hachette, 1998, 560 pages.

3- KERBRAT-ORECCHIONI (Catherine) : L'Énonciation de la Subjectivité dans le Langage, Paris, Armand, Colin 1980, 290 pages.

V-DICTIONNAIRES

1- FOREST (Philippe), CONIO (Gérard): Dictionnaire Fondamental du Français Littéraire, Paris, Pierre Bordas et Fils, 1993, 22 pages.

2- ORLANDO de (Rude) : Ces mots qui font du Bruit: Dictionnaire des Onomatopées, Interjections et autres Vocables Expressifs de la Langue Française, Paris, Jean Claude Lattès, 1998, 345 pages.

3- BERCOT (Martine) et GUYAUX (André): Dictionnaire des lettres

4- ARON (Paul), DENIS (Saint-Jacques) et VIALA (Alain): Dictionnaire du Littéraire, Paris, P.U.F., mai 2002, 634 pages.

VI-REVUES

1- Études Littéraires : La Question Autobiographique, Québec, Université Laval, vol. 17, n°2 autonome 1984, 427 pages.

2- Revue des Sciences Humaines : Médecins et Littératures (2), Paris, l'Université de Lille III, 1987, 221 pages.

3- Magazine Littéraire : Les Écrivains Voyageurs de l'Aventure à la Quête de Soi, n°432, Juin 2004, 105 pages

VII- COURS

1- ATA (Jean-Marie): Cours de Littérature Française, E.N.S., Département de Langues et Littératures, Brazzaville, 2004.

2- KODIA (Noël): Initiation à la Lecture Plurielle des Romans, E.N.S., Département de Langues et Littératures Brazzaville, Décembre 2003, 21 pages.

VIII-THÈSE

- ATA (Jean-Marie):Vision de l'Afrique Noire dans l'Imaginaire Romanesque de Louis-Ferdinand Céline (Approche Comparatiste de Voyage au Bout de la Nuit et Voyage au Congo d'André Gide), Thèse de Doctorat de 3e cycle, Paris IV, Sorbonne, 1986, 395 pages.

TABLE DES MATIERES

Printed by Books on Demand GmbH, Norderstedt / Germany